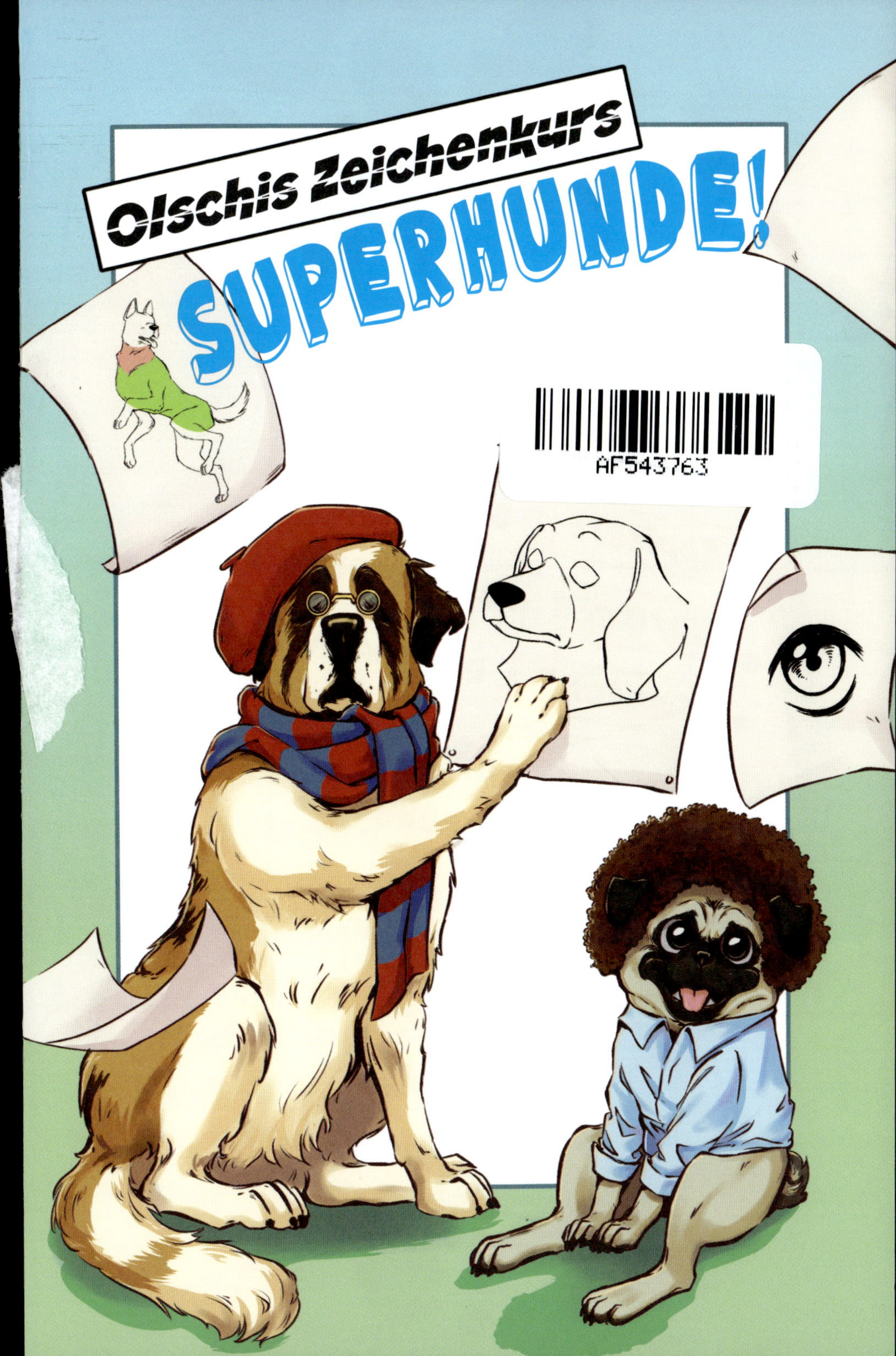
Olschis Zeichenkurs
SUPERHUNDE!
AF543763

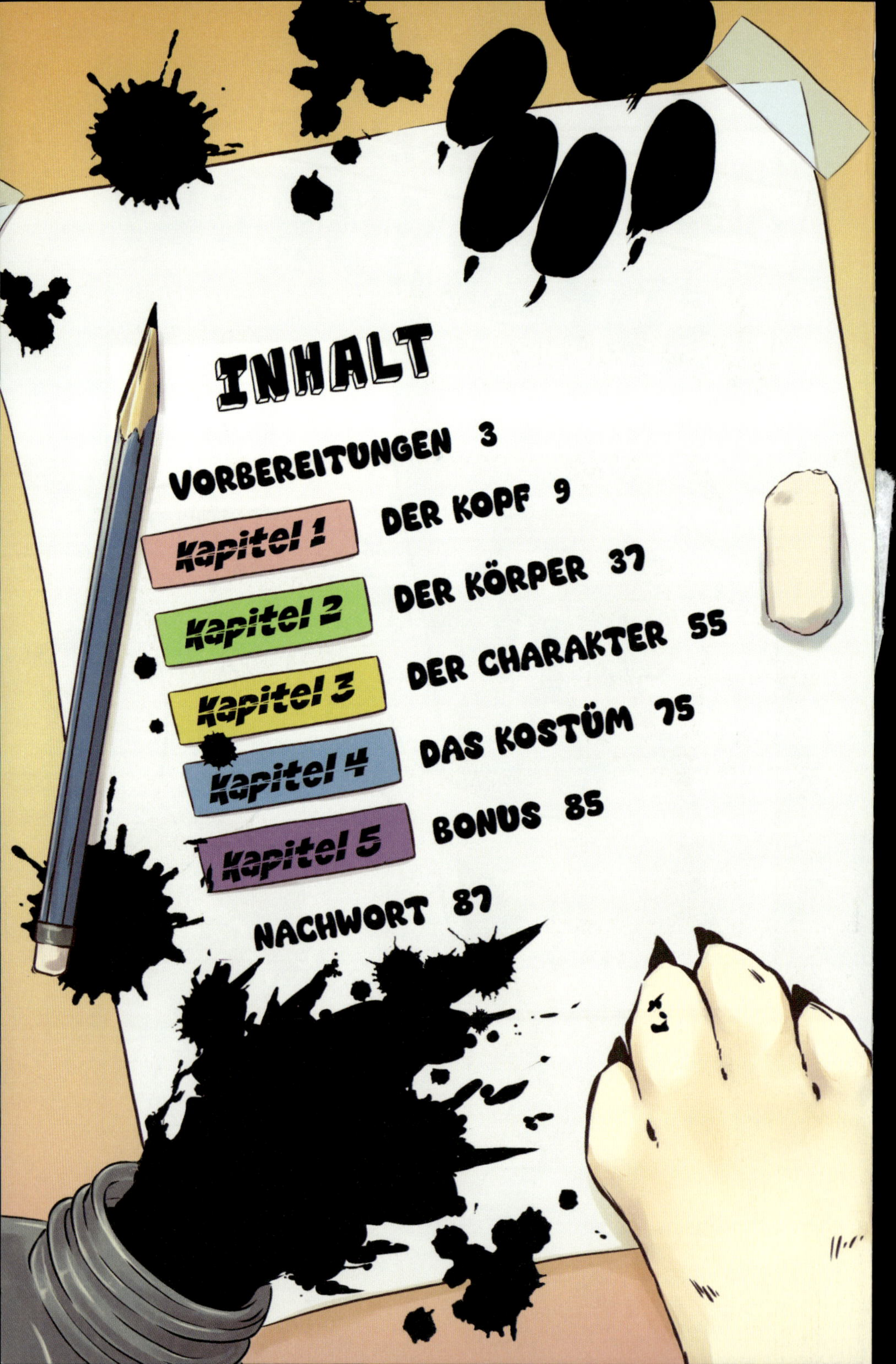

INHALT

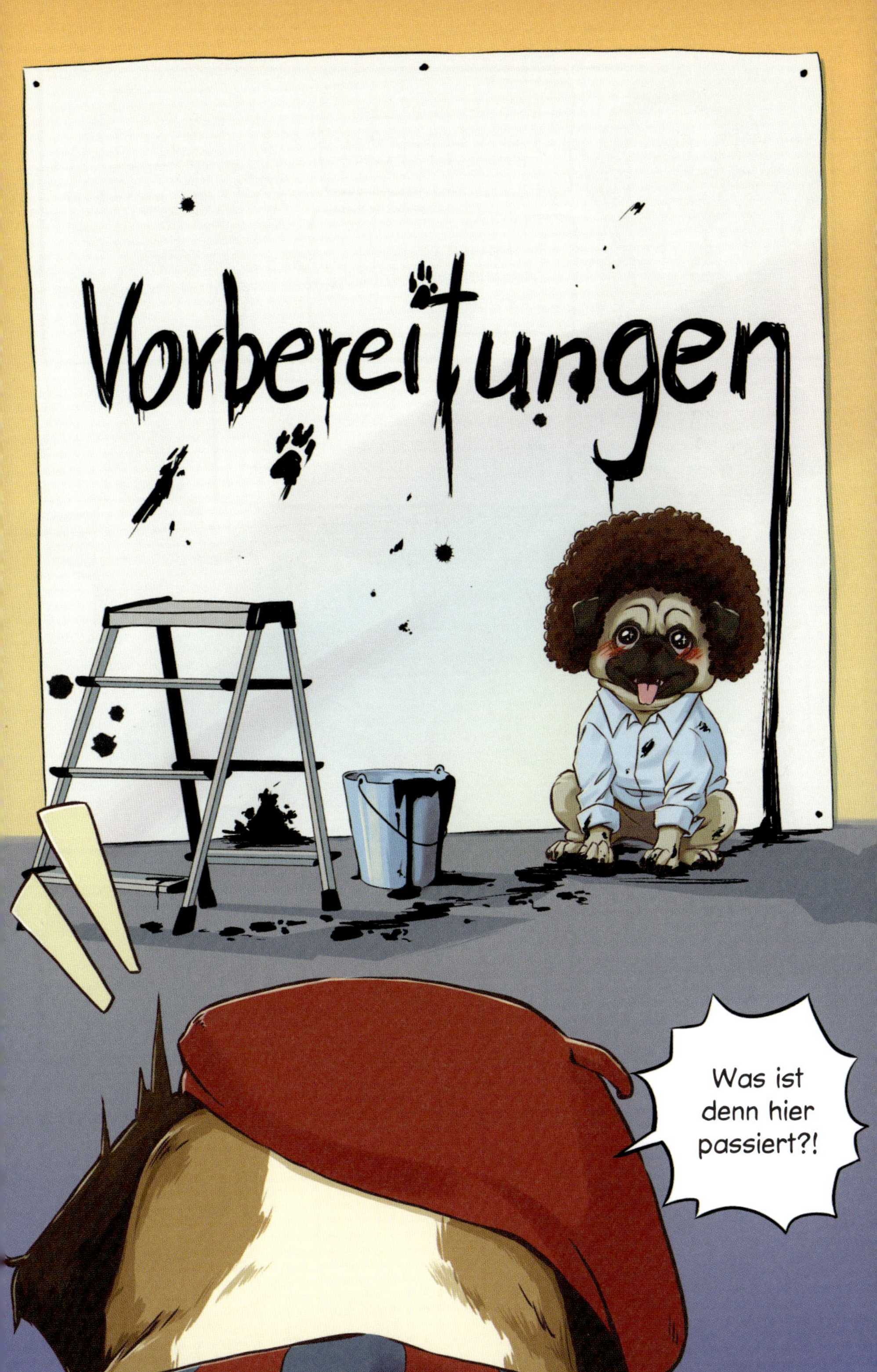
Vorbereitungen
Was ist denn hier passiert?!

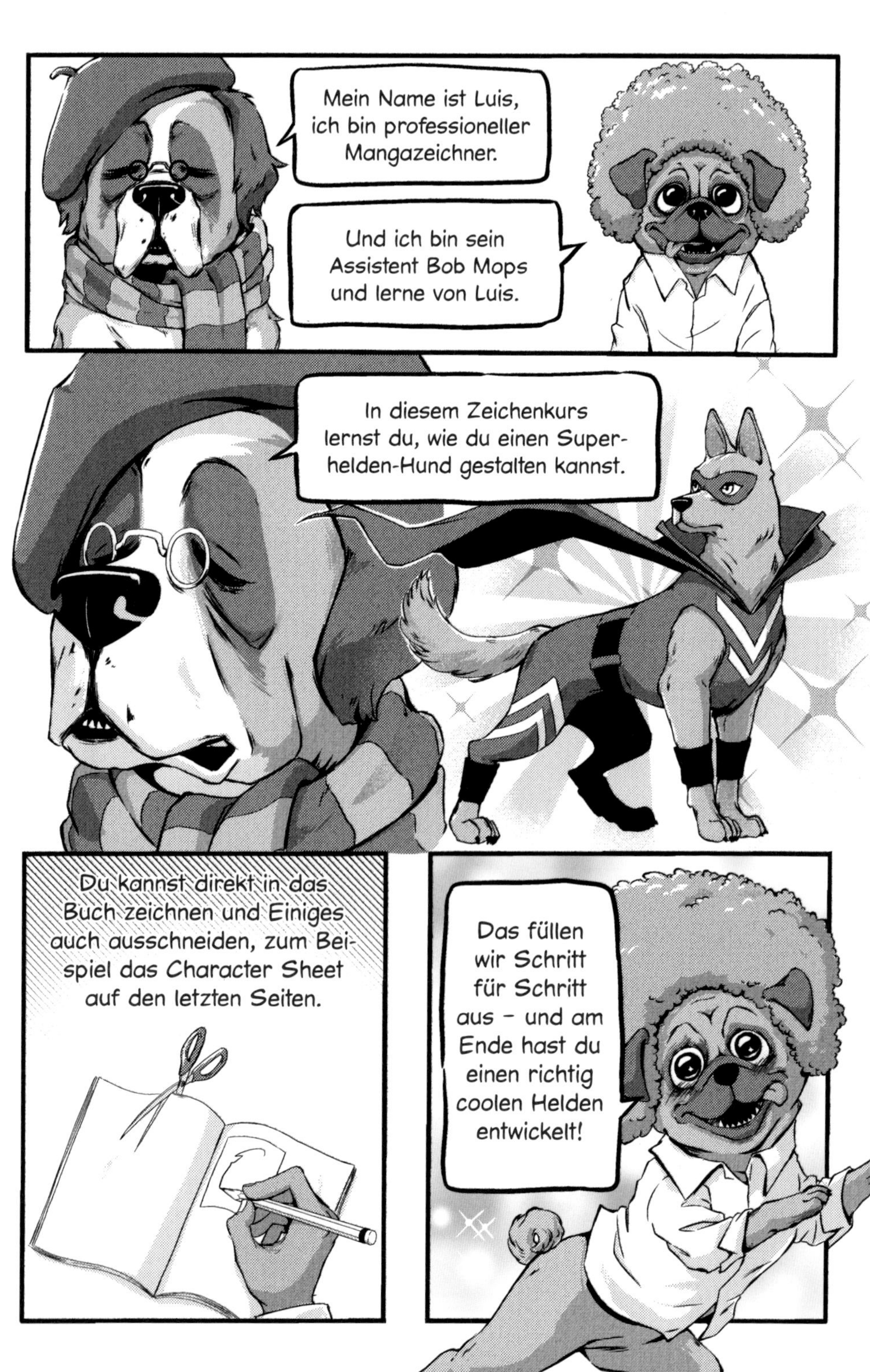
Mein Name ist Luis, ich bin professioneller Mangazeichner.
Und ich bin sein Assistent Bob Mops und lerne von Luis.
In diesem Zeichenkurs lernst du, wie du einen Superhelden-Hund gestalten kannst.
Du kannst direkt in das Buch zeichnen und Einiges auch ausschneiden, zum Beispiel das Character Sheet auf den letzten Seiten.
Das füllen wir Schritt für Schritt aus – und am Ende hast du einen richtig coolen Helden entwickelt!

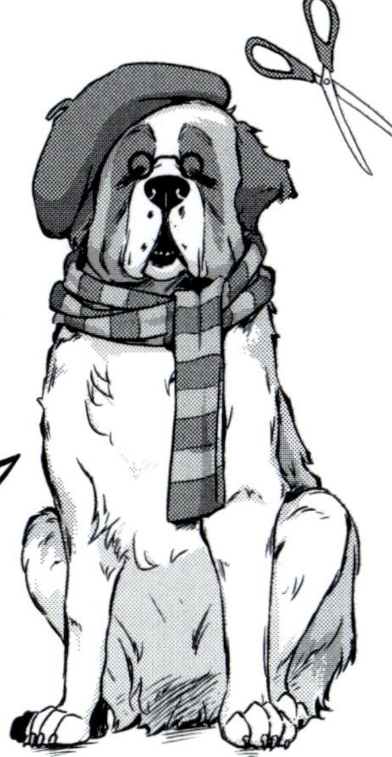
Bob zeigt dir immer, auf welcher Seite du gerade bist. Dafür schneidest du dir das Lesezeichen aus und steckst es ins Buch.

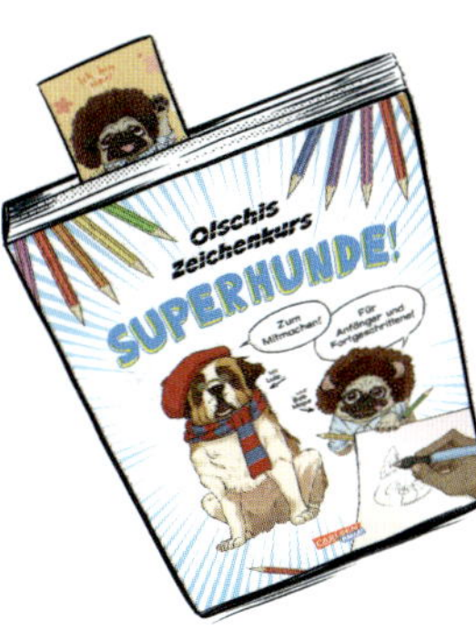
Olschis Zeichenkurs
SUPERHUNDE!

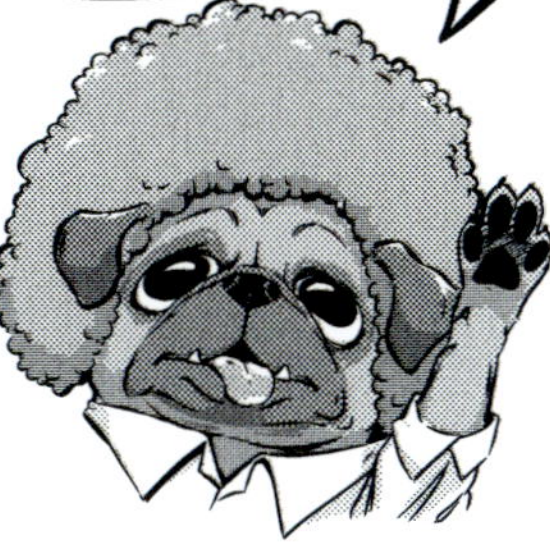
Schick! Aber kann ich das auch selbst gestalten?

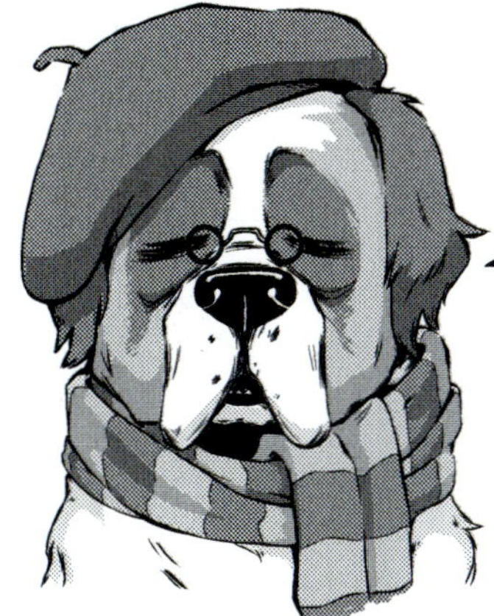
Eins nach dem anderen... hab Geduld, Bob!

Ich bin hier!

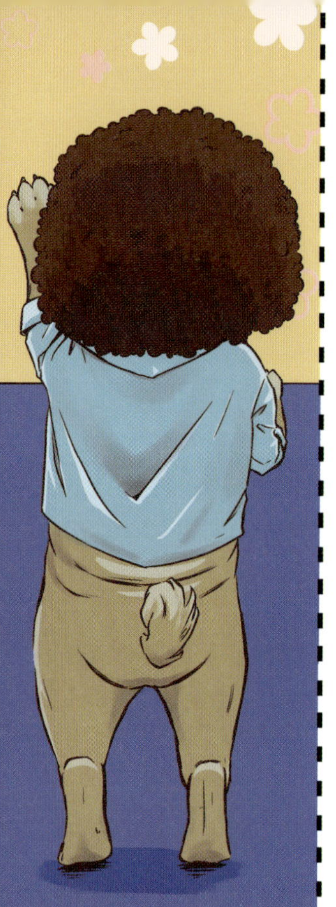

WAS DU SONST NOCH BRAUCHST:

Einen Bleistift. Den gibt es in verschiedenen Härtegraden:

H = hart
B = weich
HB = mittel

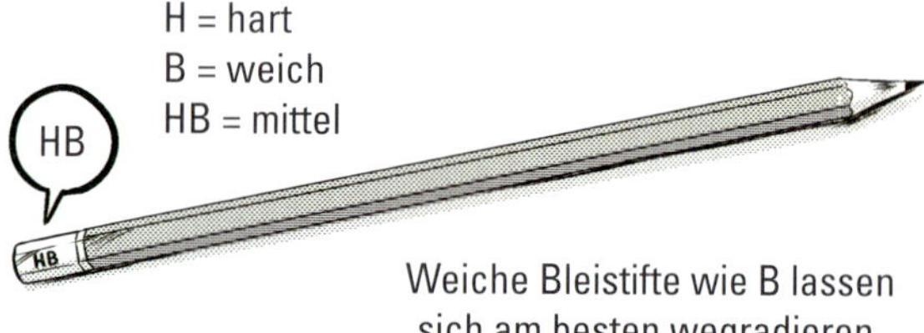

Weiche Bleistifte wie B lassen sich am besten wegradieren, mittlere wie HB aber auch gut.

Ein Druckbleistift ist praktisch, weil du ihn nicht anspitzen musst. Probier aus, welcher Stift dir besser gefällt!

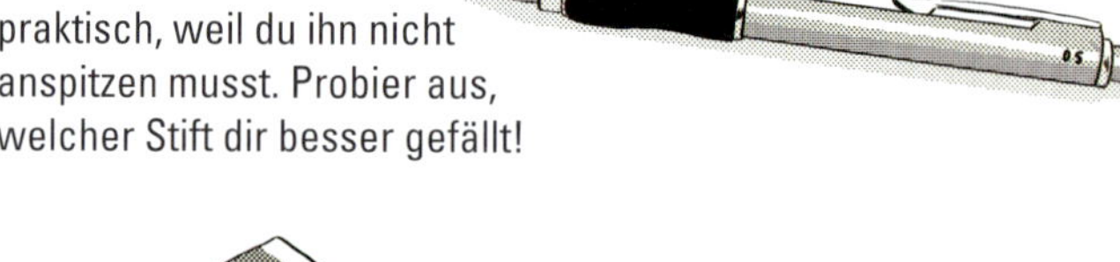

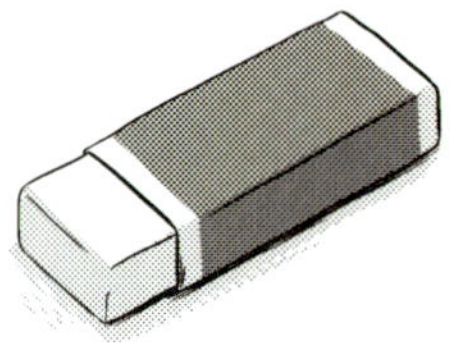

Einen weichen Radiergummi. Auch wenn harte manchmal lustiger aussehen, weiche radieren viel besser!

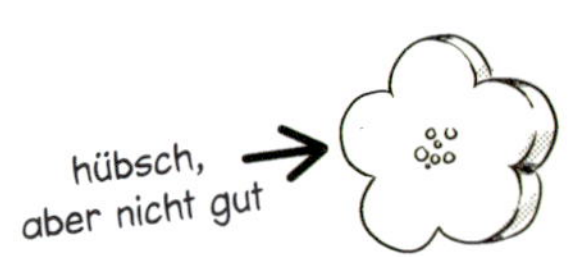

Buntstifte zum Kolorieren (mit Farben ausmalen).

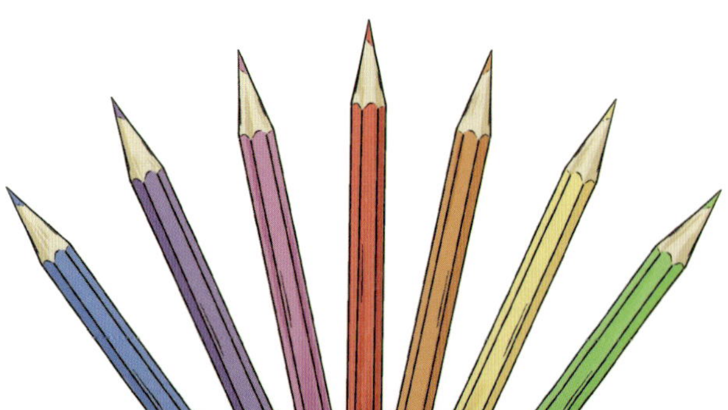

UND LOS GEHT'S!

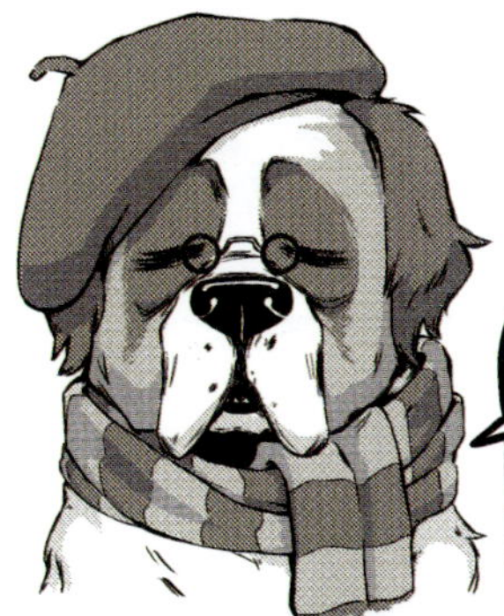

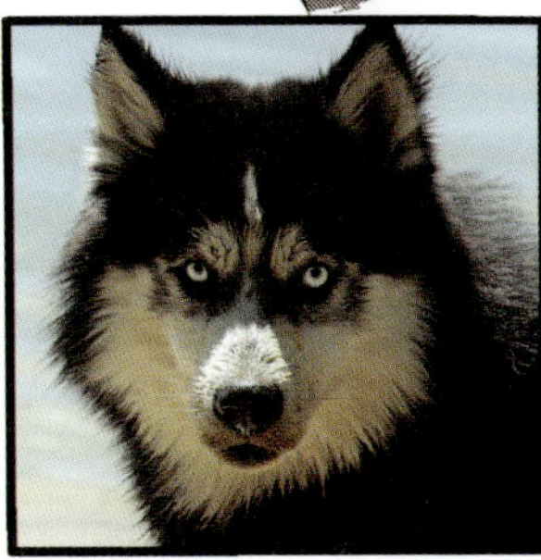
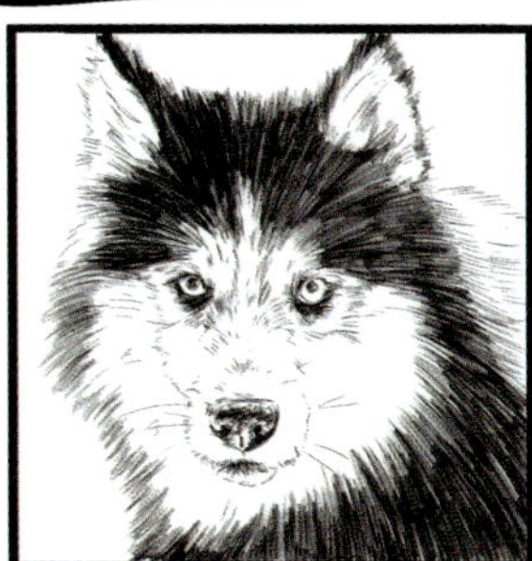
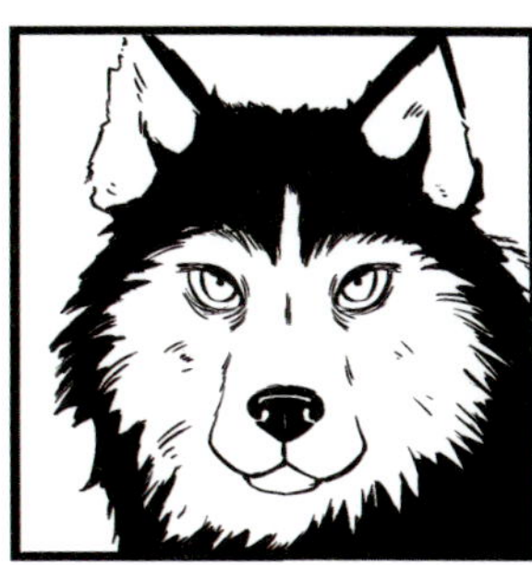

Bei einem realistisch gezeichneten Hund sind Emotionen schwierig auszudrücken. Darum zeichnen wir in diesem Kurs im Mangastil. So können wir einen Hund in einer für Tiere eigentlich unrealistischen Stimmung zeichnen – wir geben ihm einen stärkeren Ausdruck, fast schon menschlich.

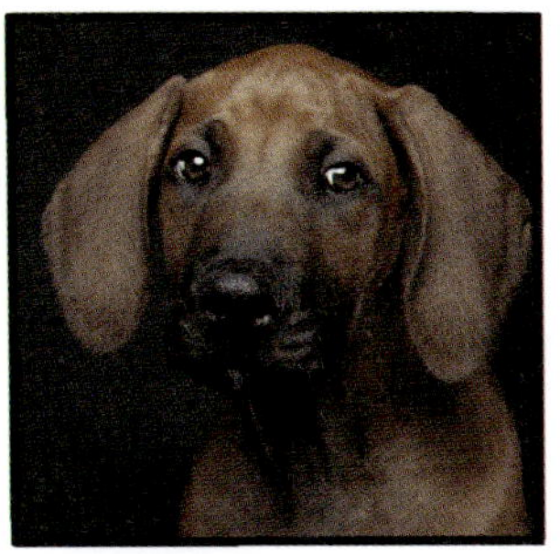
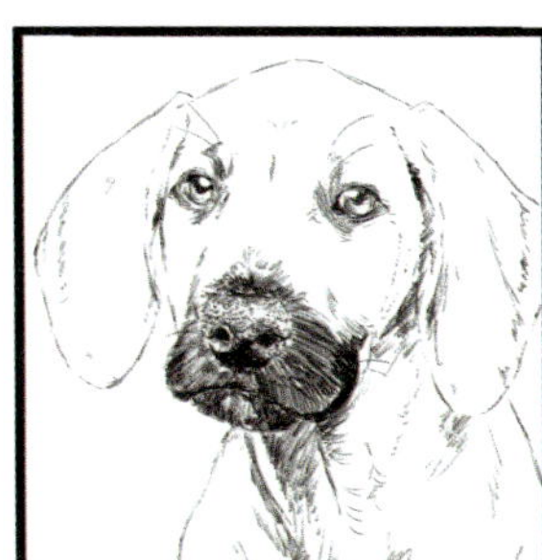
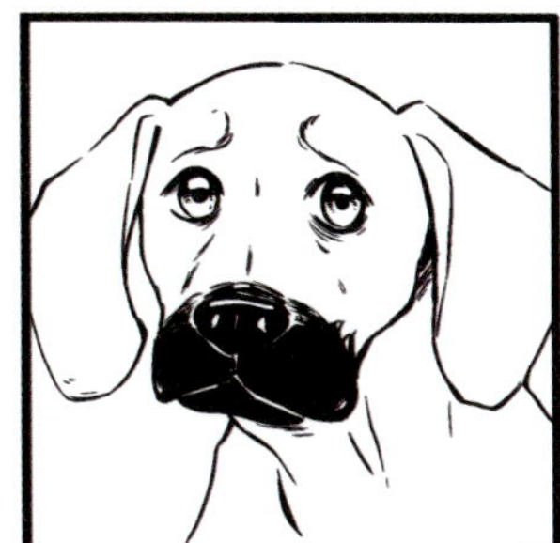

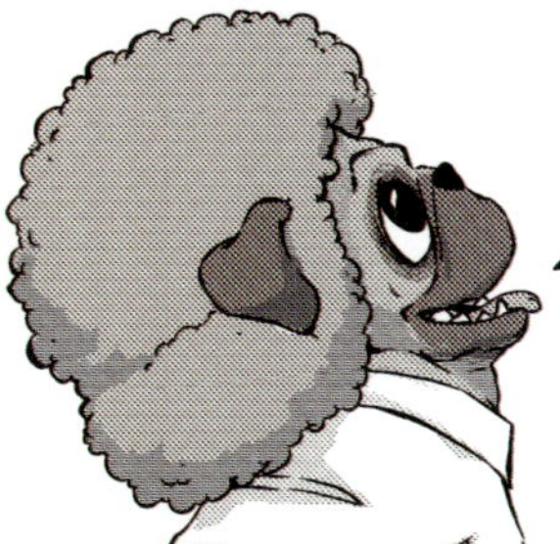

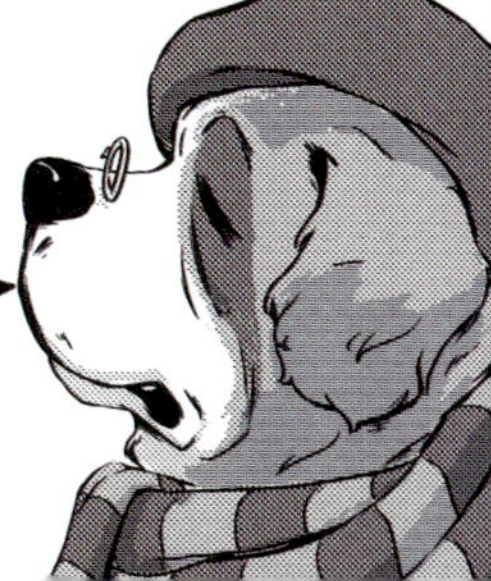

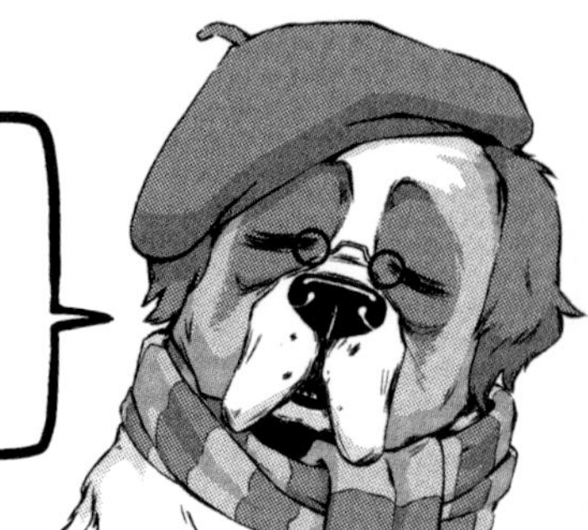
Bevor wir die erste Lektion beginnen, stelle ich dir eine Aufgabe: Zeichne einen Hund aus dem Kopf! Wie er dir gerade einfällt. Es kann auch ein Strichmännchen... äh, Strichhund sein.
kritzel
kritzel

Du bist dran!

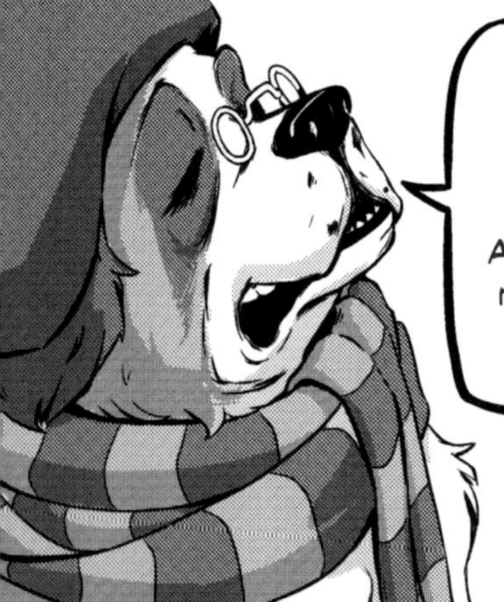
Gar nicht so leicht, oder? Niemand kann etwas einfach so aus dem Nichts zeichnen! Auch Profis können das nicht und mussten erst lernen, wie es geht.
Und du kannst das auch! Denn mit der richtigen Technik kann jeder Zeichnen lernen!

Kapitel 1

DER KOPF

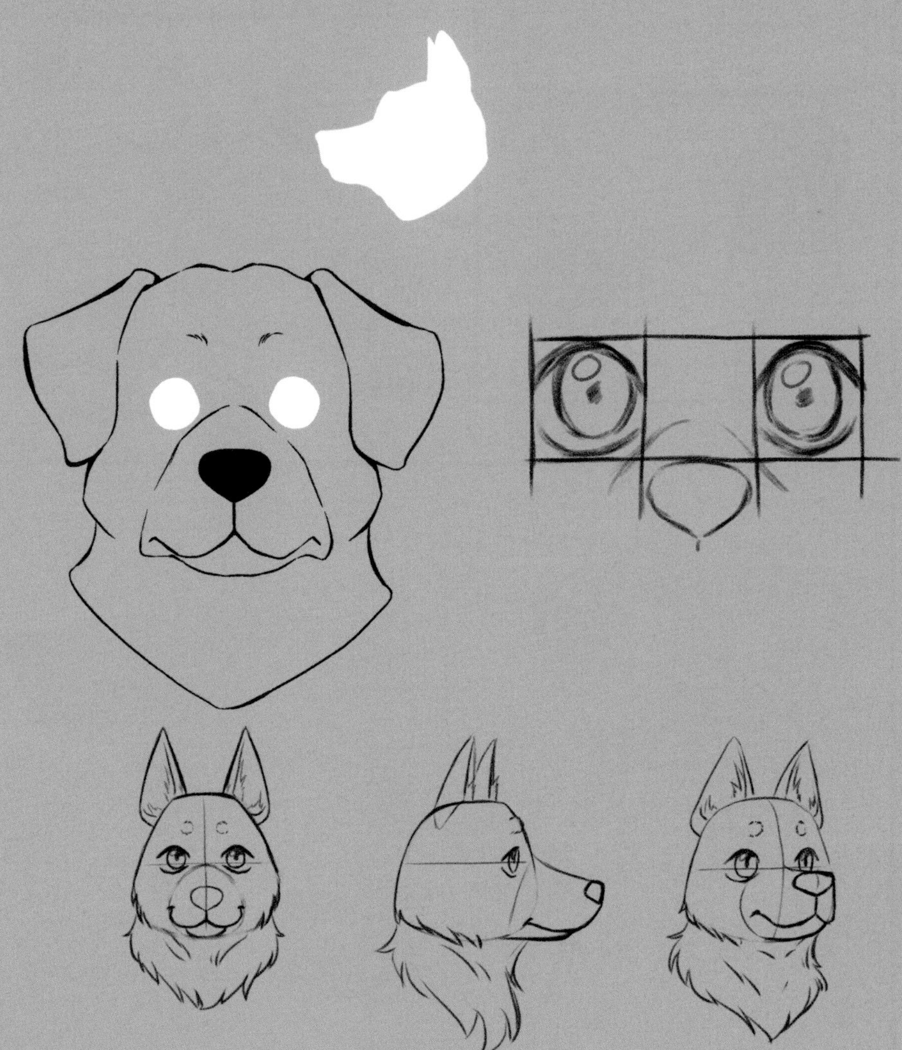

DIE FORM DES HUNDEKOPFS

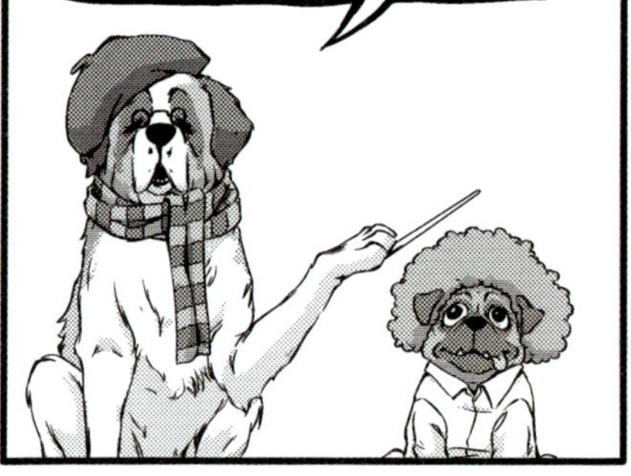

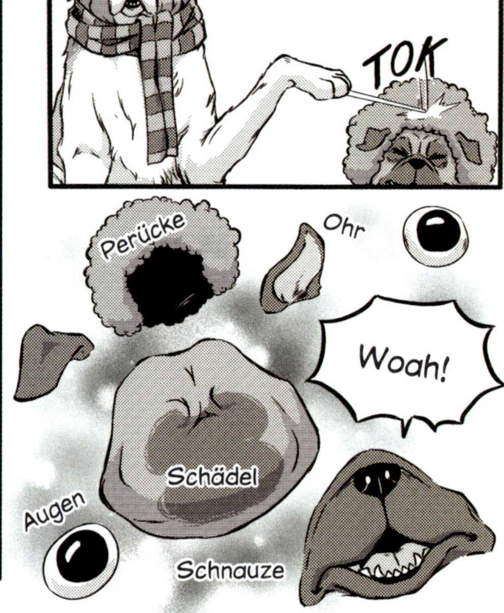

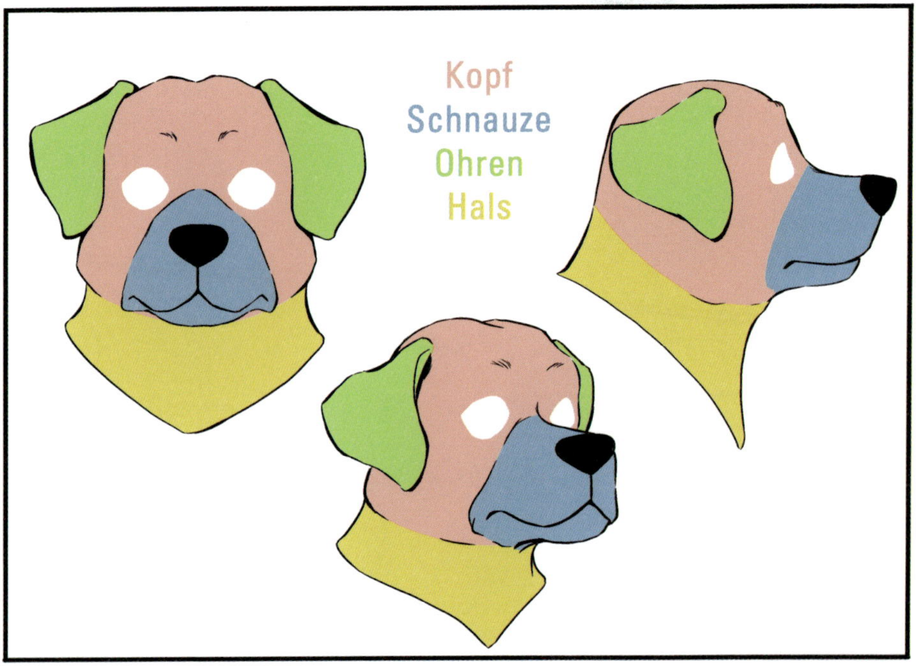

Kopf
Schnauze
Ohren
Hals

Auch wenn Hunde verschiedener Rassen sehr unterschiedlich aussehen, ist die Kopfform ähnlich aufgebaut.

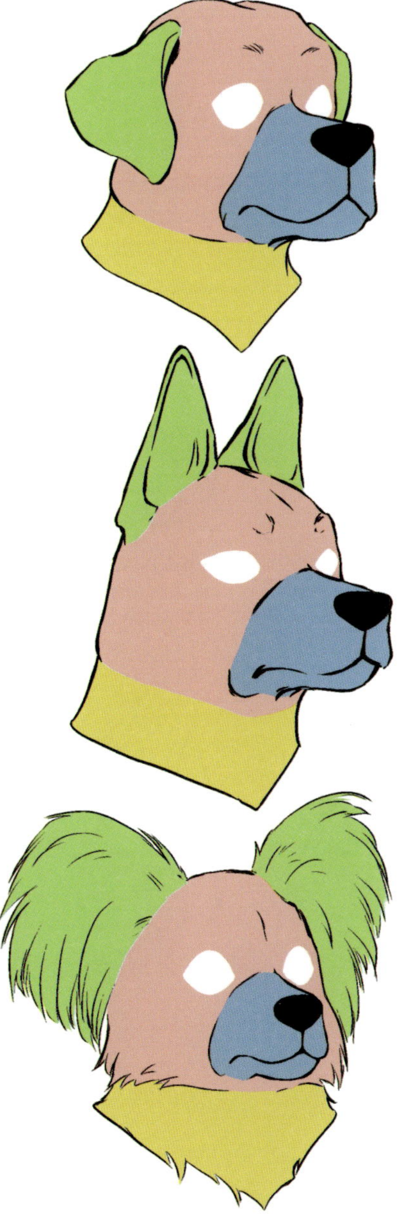

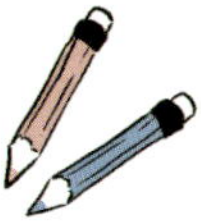

Eine kleine Übung:
Male die Grundformen farbig aus!

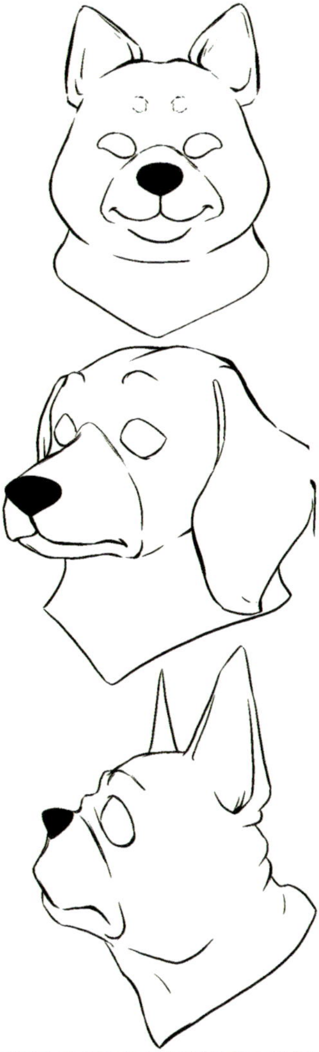

Beginnen wir mit der Frontalansicht …
Zeichne auf der leeren Seite Schritt für Schritt mit!

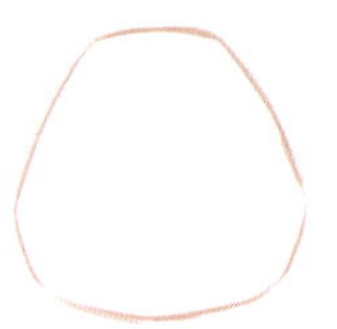

Den Schädel fast rund, seitlich etwas kantig.

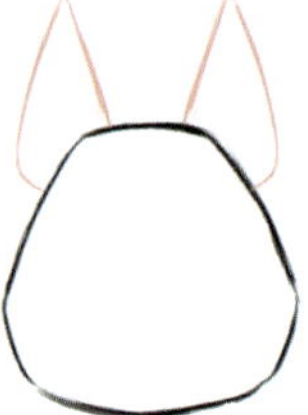

Zwei spitze Ohren obendrauf.

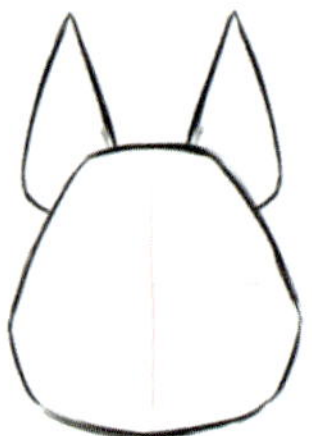

Jetzt ein Kreuz zur Orientierung.

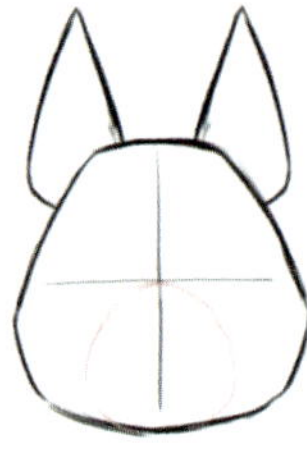

In die untere Hälfte einen Kreis als Schnauze.

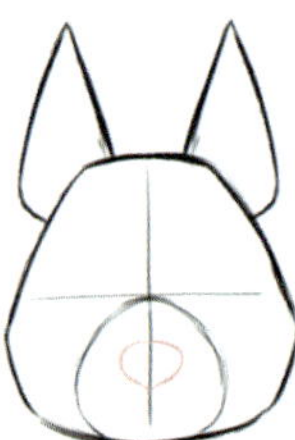

Die Nase in die obere Mitte.

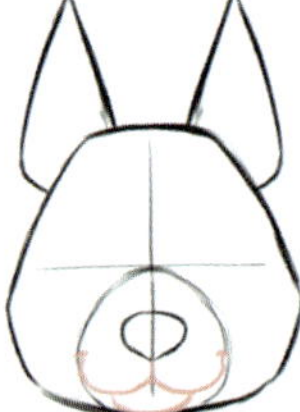

Und darunter die obere und untere Lefze.

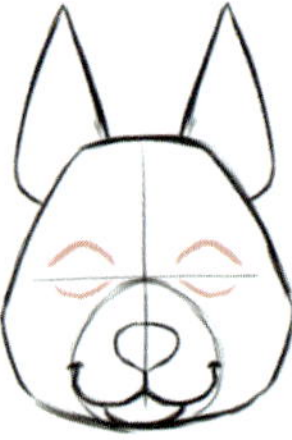

Nun zeichne Halbkreise um die Mittellinie.

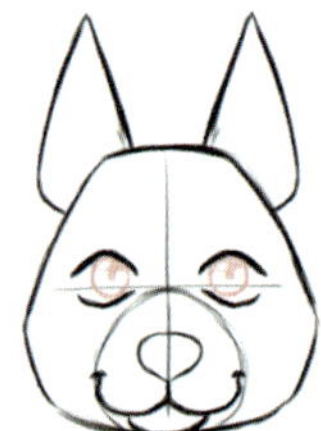

Dort hinein die Augen mit Pupillen.

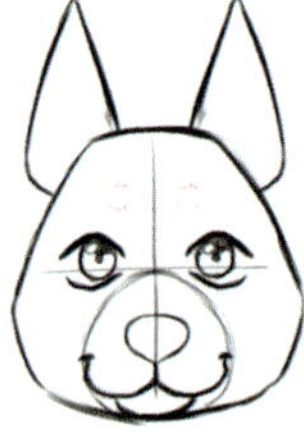

Über den Augen kannst du Augenbrauen andeuten.

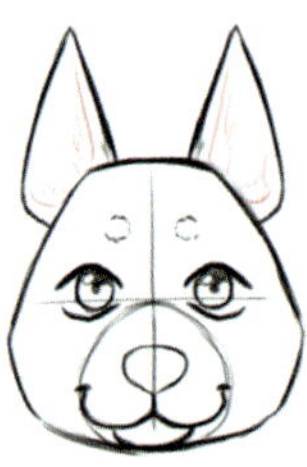

Mit ein paar Strichen sind die Ohren flauschig.

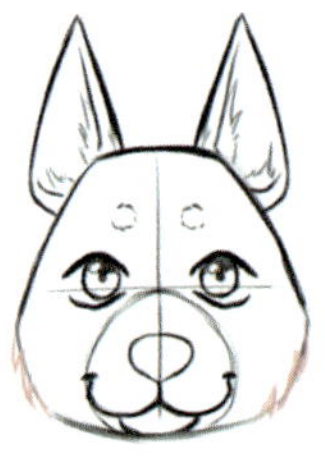

Etwas Fell noch links und rechts.

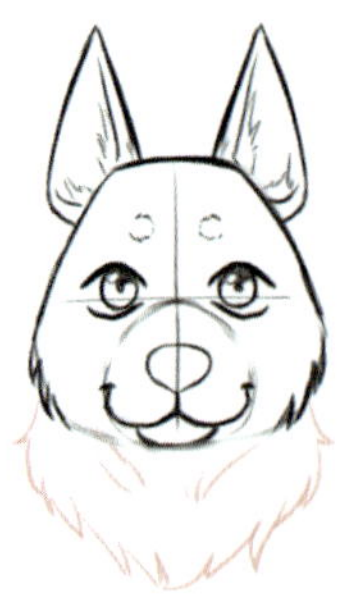

Ein flauschiger Hals dazu und …

… fertig ist der Hundekopf von vorn!

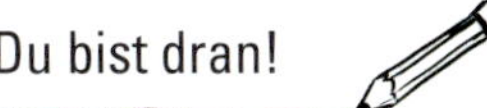
Du bist dran!

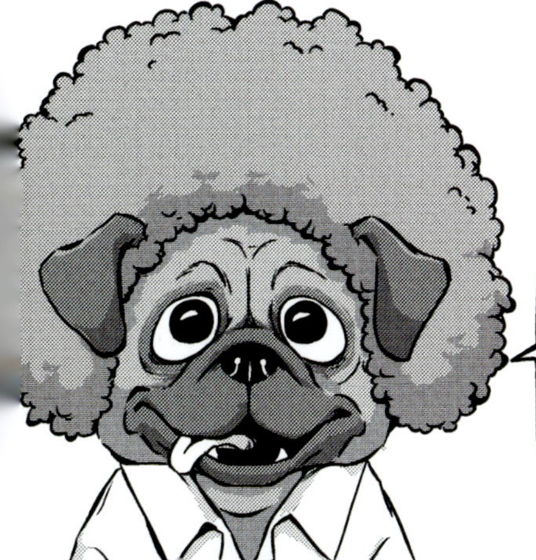
Was könnte
das wohl für eine
Hunderasse sein?

Jetzt üben wir weiter mit der Seitenansicht…
In dieser ist die Schnauze gut zu erkennen.

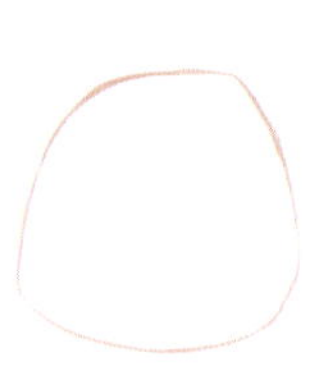

Den Schädel wieder rund… na, fast!

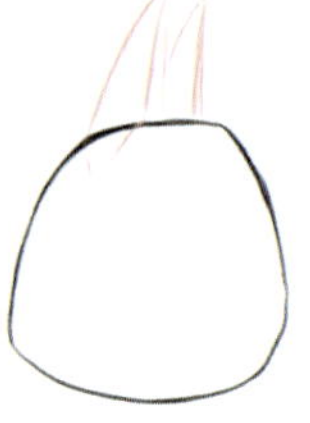

Die spitzen Ohren sitzen weiter hinten.

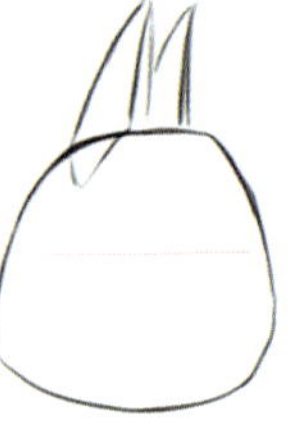

Jetzt eine Hilfslinie zur Orientierung.

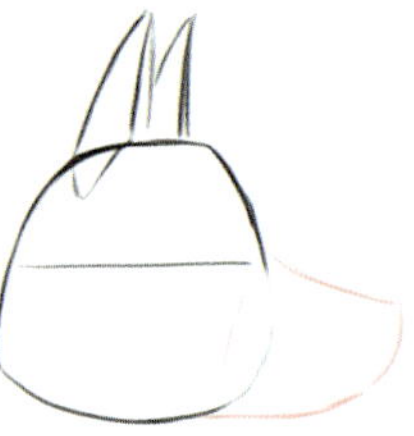

Und nun die Schnauze an die Seite zeichnen.

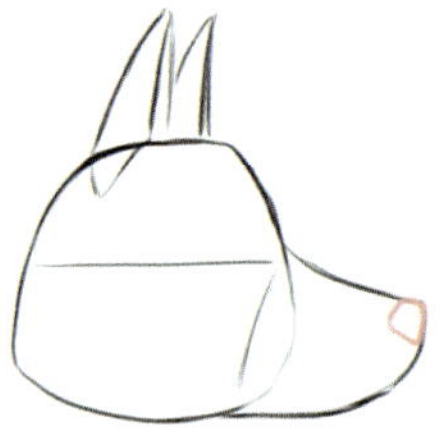

Vorn an die Spitze kommt eine Nase.

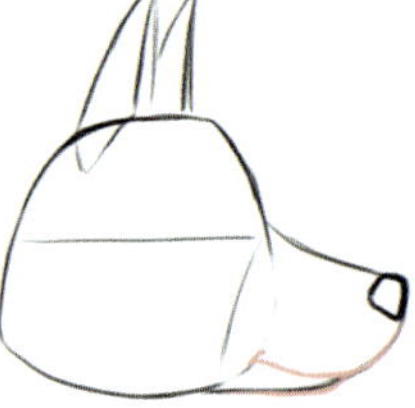

Von der aus zeichnen wir die Lefzen ein.

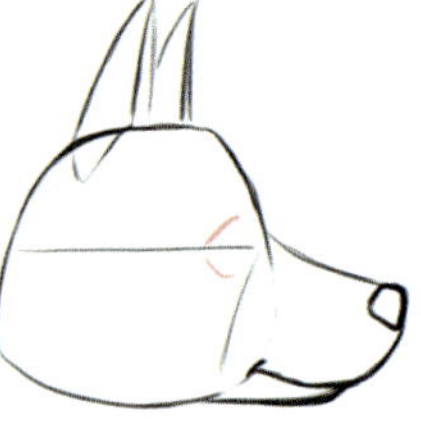

Nun zum Auge, zunächst zwei Striche um die Hilfslinie.

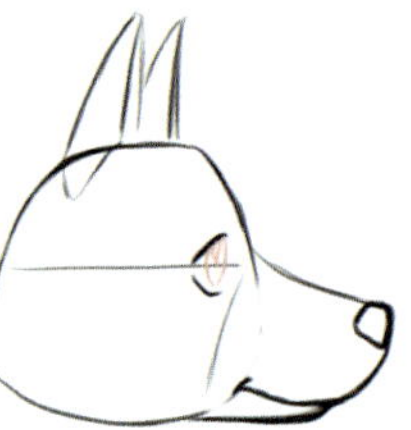

Dann zeichne das Auge ein, es ist schmal!

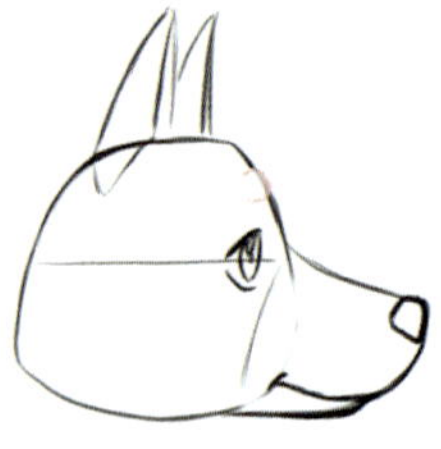

Über das Auge eine kleine Augenbraue.

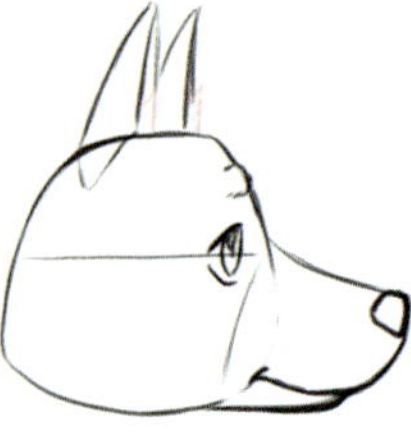

Die Ohren werden wieder flauschig.

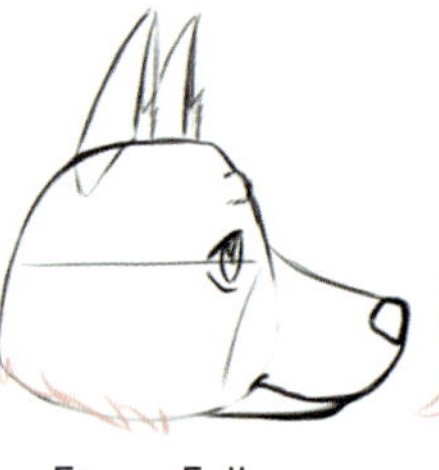

Etwas Fell an die Unterseite des Schädels.

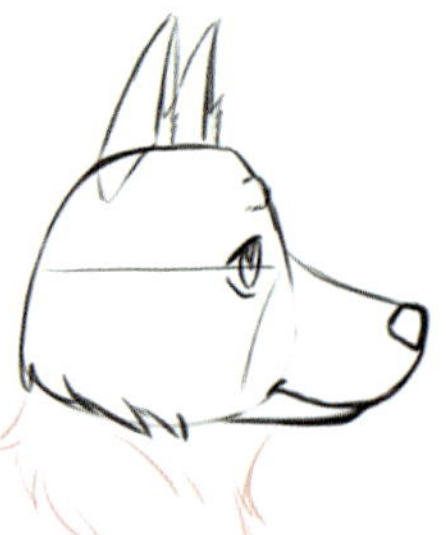

Mehr Fell am Hals dazu…

… und fertig ist der Hundekopf von der Seite!

Du bist dran!

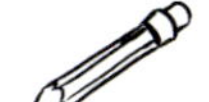

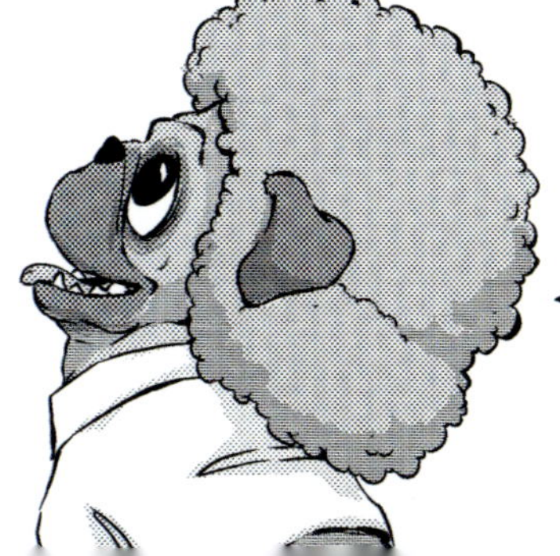

Die Zeichenschritte sind ja fast die gleichen wie bei der Ansicht von vorn!

Das Dreiviertelprofil ist etwas schwieriger, die Schritte bleiben aber ähnlich. Ein Tipp: Die weggedrehte Seite ist schmaler.

Die weggedrehte Seite etwas flacher einzeichnen.

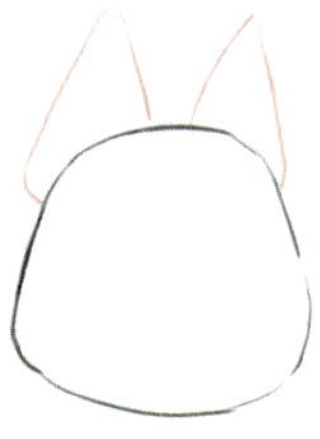

Der hintere Teil ist schmaler und zum Teil versteckt.

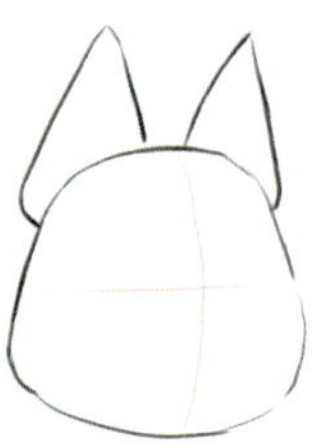

Die Mitte des Gesichts makieren wir mit einem Kreuz.

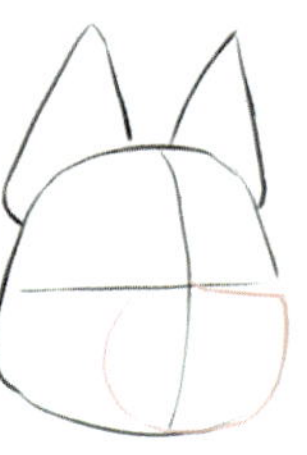

Die Schnauze ist kürzer, als von der Seite her gesehen.

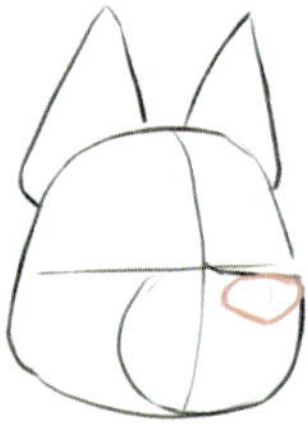

Vorn an die Spitze kommt die Nase.

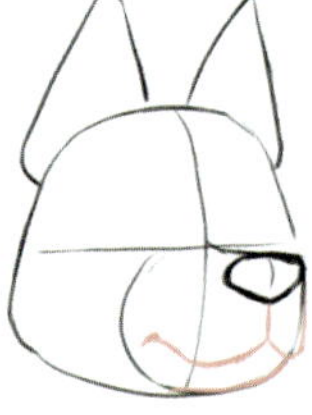

Von der Nase aus zeichen wir die Lefzen ein.

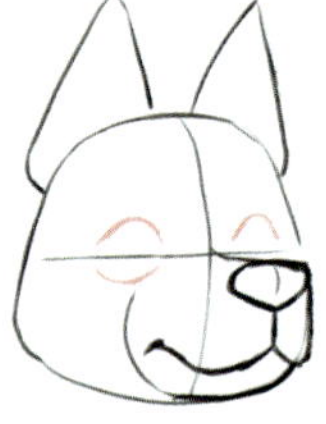

Die Striche fürs Auge um die Hilfslinie, das hintere etwas schmaler.

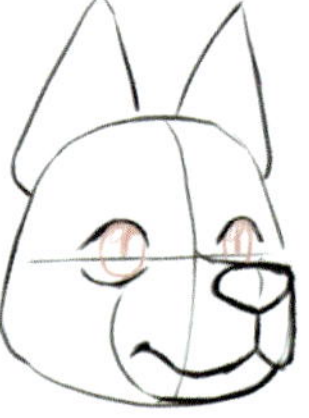

Zeichne auch die Iris schmaler!

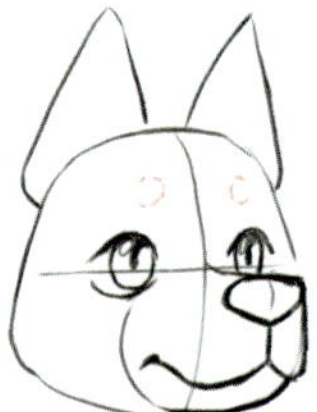

Oberhalb der Augen deuten wir Augenbrauen an.

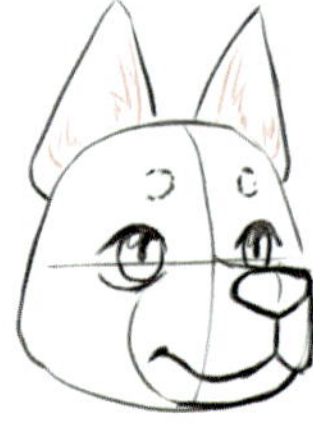

Flauschige Ohren müssen sein!

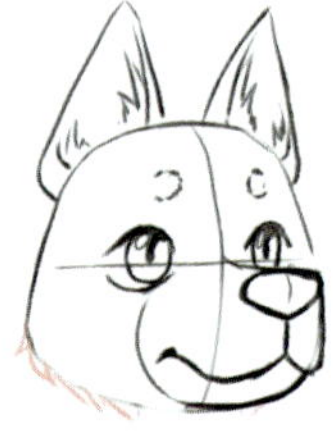

Das Fell am unteren Teil des Schädels ist nur links zu sehen.

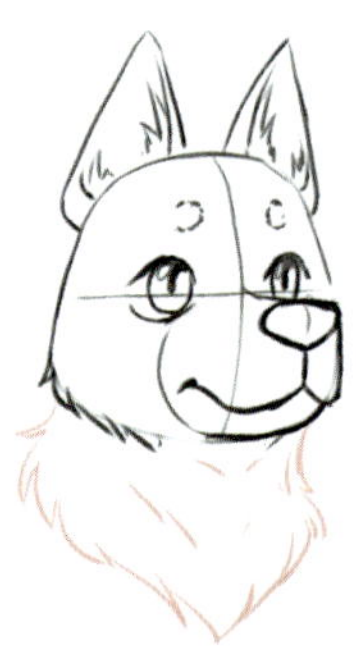

Jetzt wieder einen flauschigen Hals…

… und fertig ist der Hundekopf im Dreiviertelprofil!

Du bist dran!

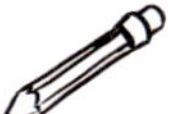

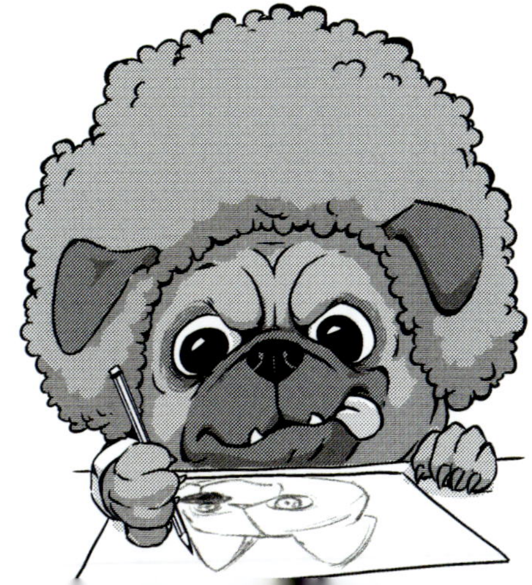

Das zweite Auge
ist halb versteckt!
Gar nicht so einfach...

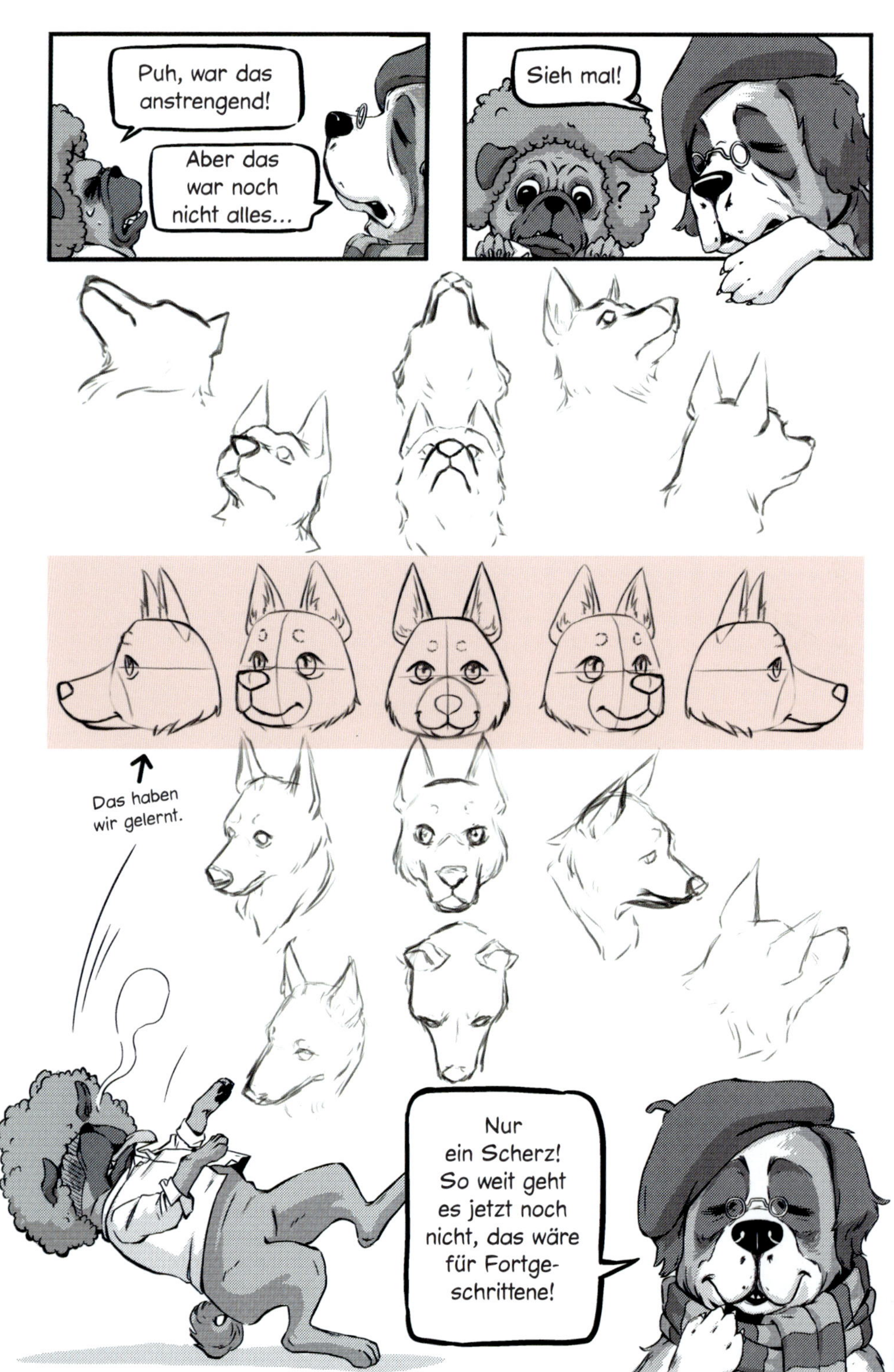
Puh, war das anstrengend!
Aber das war noch nicht alles...
Sieh mal!
?
Das haben wir gelernt.
Nur ein Scherz! So weit geht es jetzt noch nicht, das wäre für Fortge-schrittene!

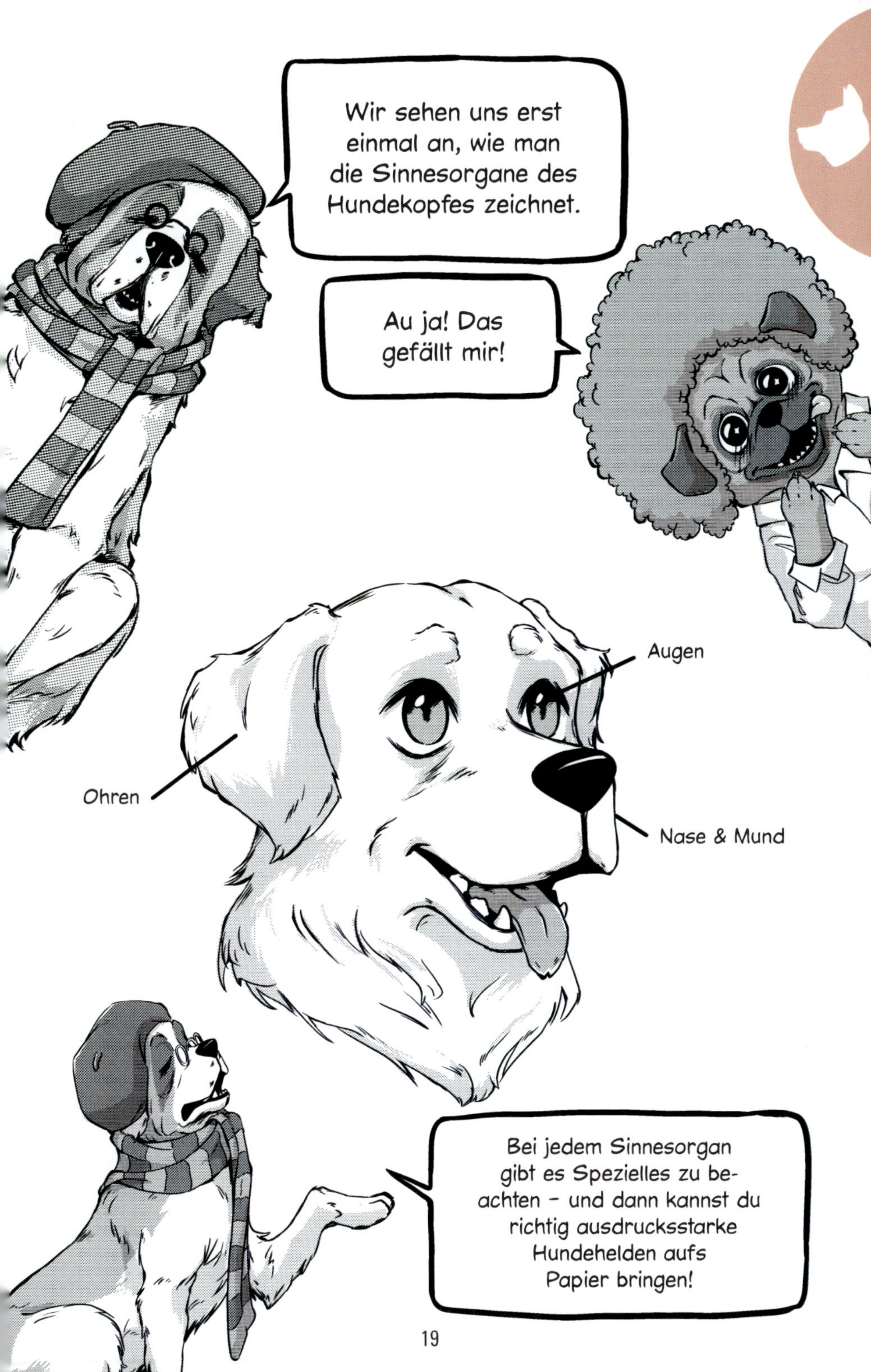
Wir sehen uns erst einmal an, wie man die Sinnesorgane des Hundekopfes zeichnet.
Au ja! Das gefällt mir!
Augen
Ohren
Nase & Mund
Bei jedem Sinnesorgan gibt es Spezielles zu beachten – und dann kannst du richtig ausdrucksstarke Hundehelden aufs Papier bringen!

GERADES OHR

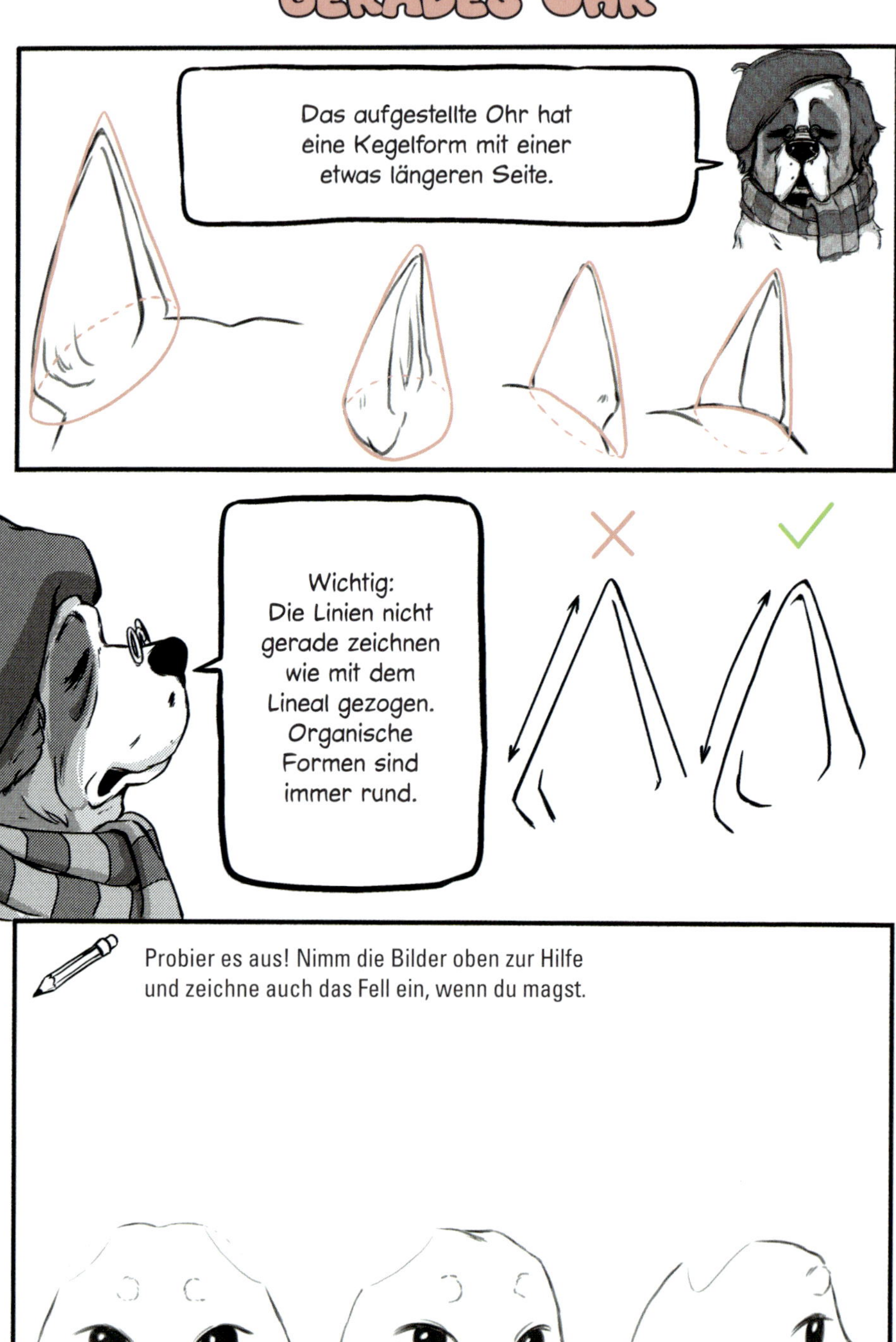

Das aufgestellte Ohr hat eine Kegelform mit einer etwas längeren Seite.
Wichtig: Die Linien nicht gerade zeichnen wie mit dem Lineal gezogen. Organische Formen sind immer rund.
Probier es aus! Nimm die Bilder oben zur Hilfe und zeichne auch das Fell ein, wenn du magst.

SCHLAPPOHR

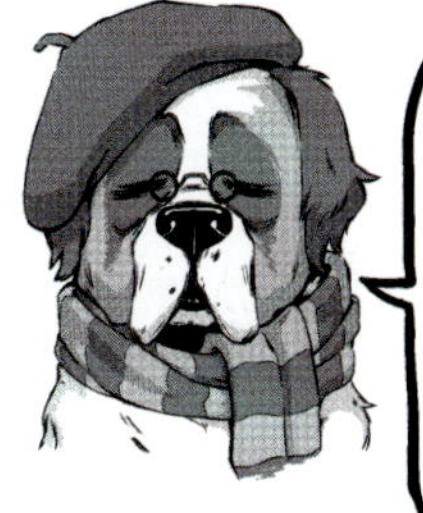

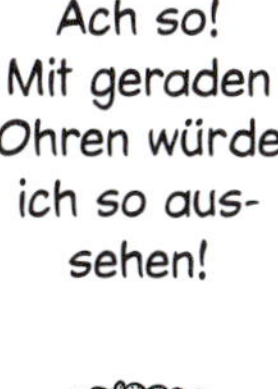

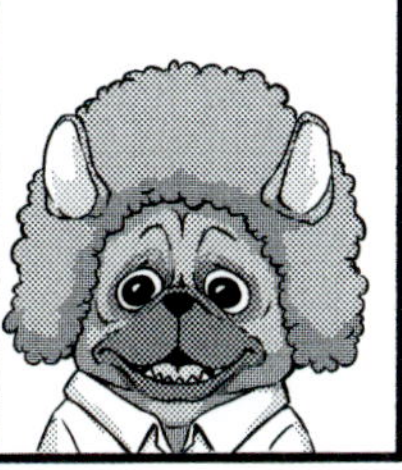

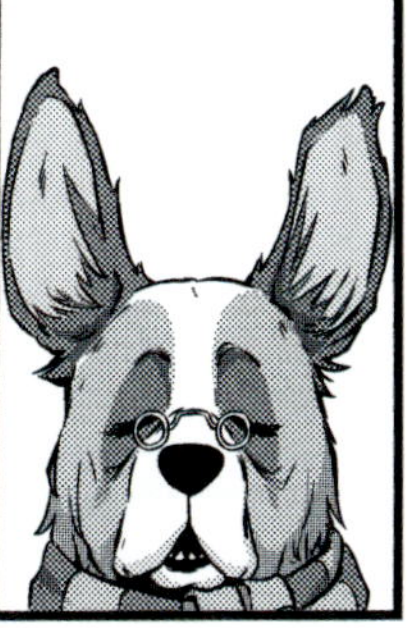

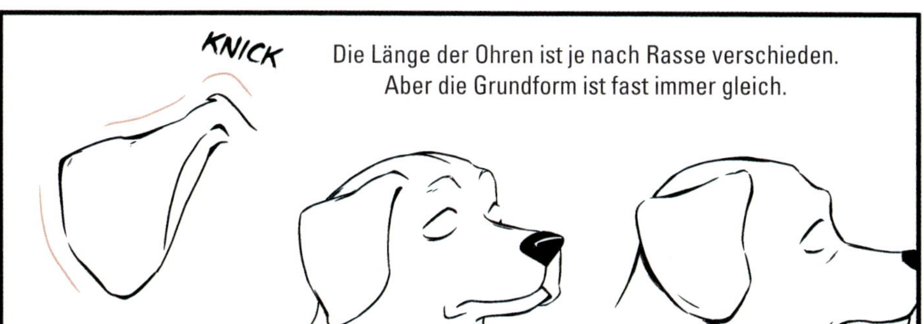

Die Länge der Ohren ist je nach Rasse verschieden. Aber die Grundform ist fast immer gleich.

Probier es aus! Schlappohren sind etwas schwieriger zu zeichnen als hochstehende Ohren. Aber… Übung macht den Meister!

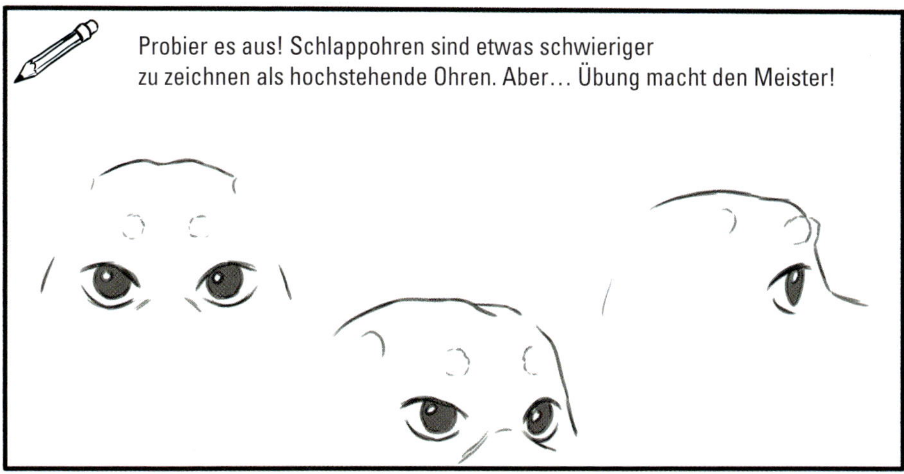

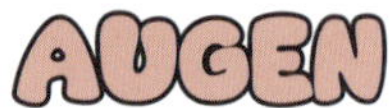

AUGEN

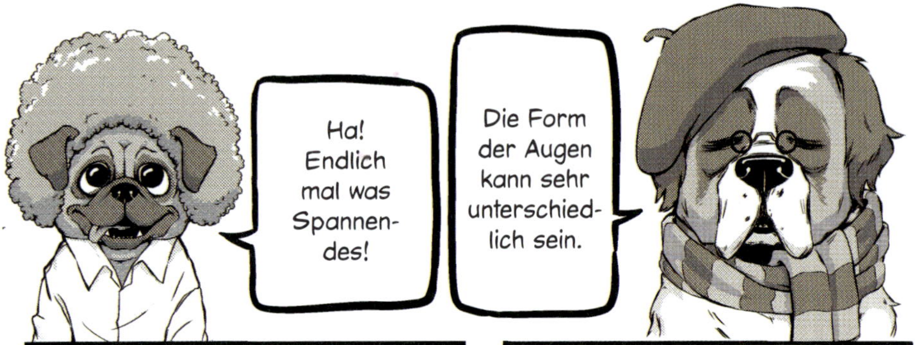

Ha! Endlich mal was Spannendes!

Die Form der Augen kann sehr unterschiedlich sein.

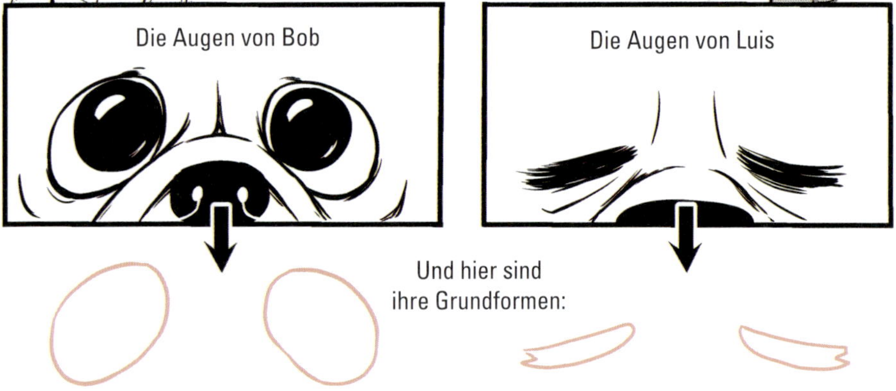

Die Augen von Bob

Die Augen von Luis

Und hier sind ihre Grundformen:

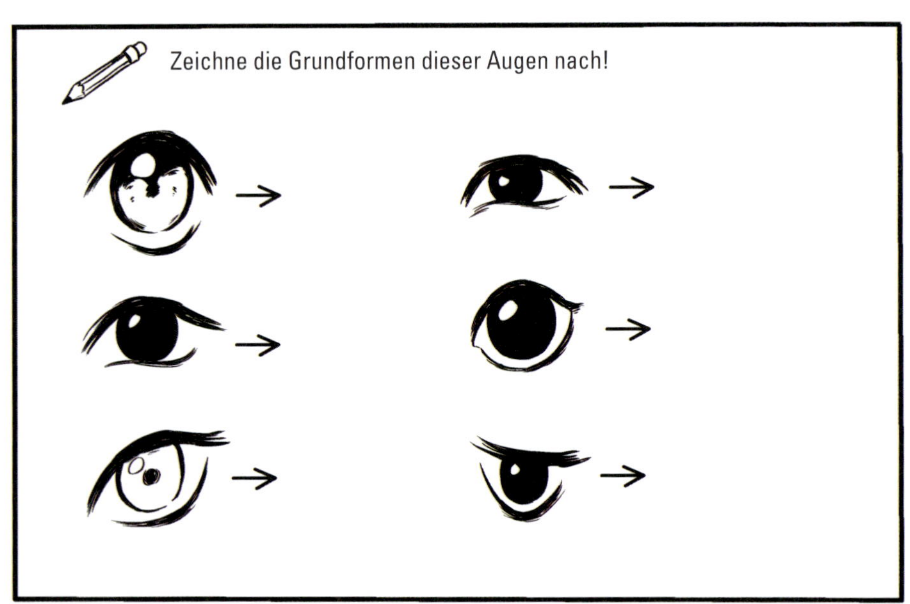

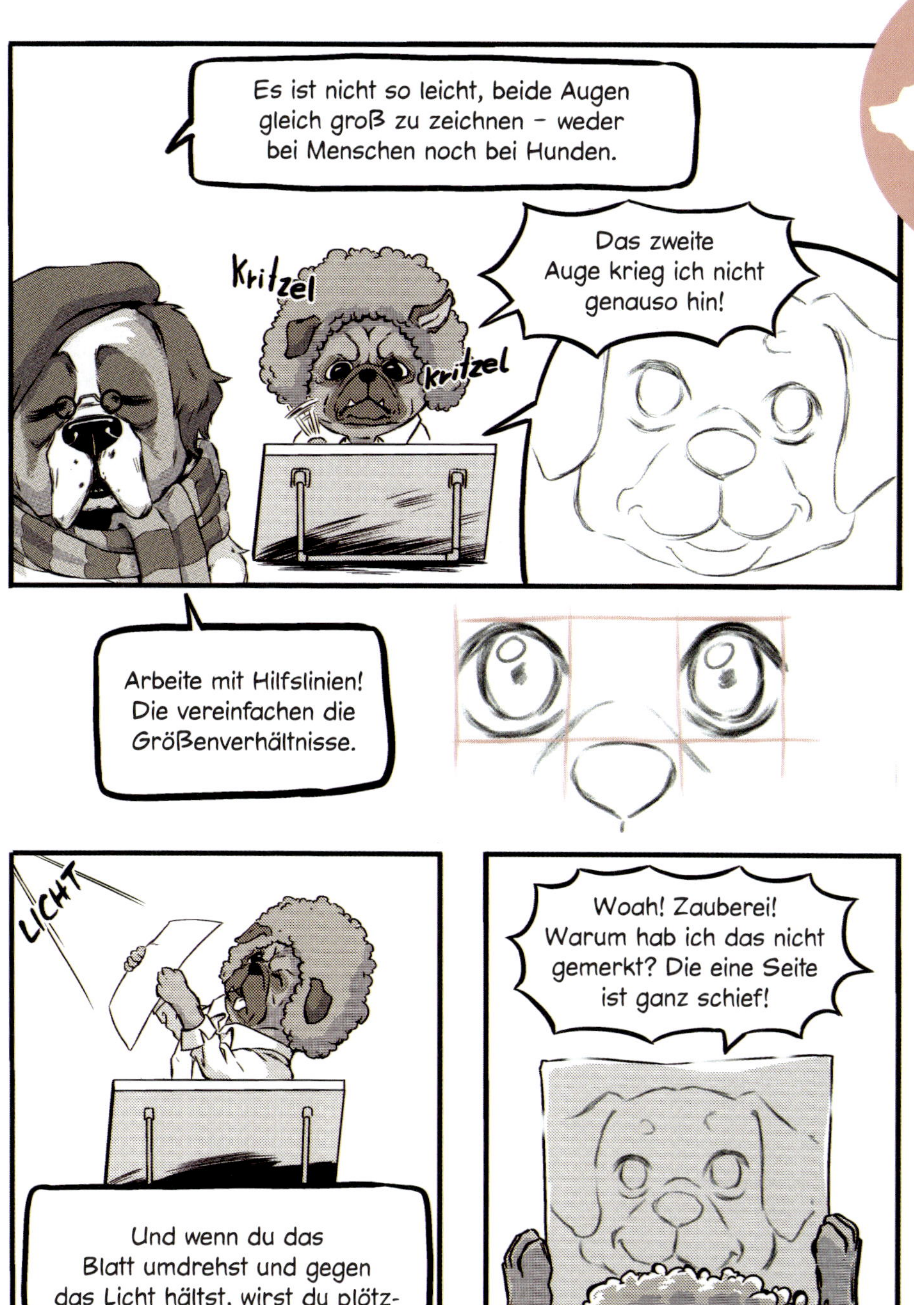
Es ist nicht so leicht, beide Augen gleich groß zu zeichnen – weder bei Menschen noch bei Hunden.
Kritzel
Kritzel
Das zweite Auge krieg ich nicht genauso hin!
Arbeite mit Hilfslinien! Die vereinfachen die Größenverhältnisse.
LICHT
Woah! Zauberei! Warum hab ich das nicht gemerkt? Die eine Seite ist ganz schief!
Und wenn du das Blatt umdrehst und gegen das Licht hältst, wirst du plötzlich Dinge erkennen, die du vorher nicht sehen konntest.

Verschiedene Ansichten

Zeichne nach!

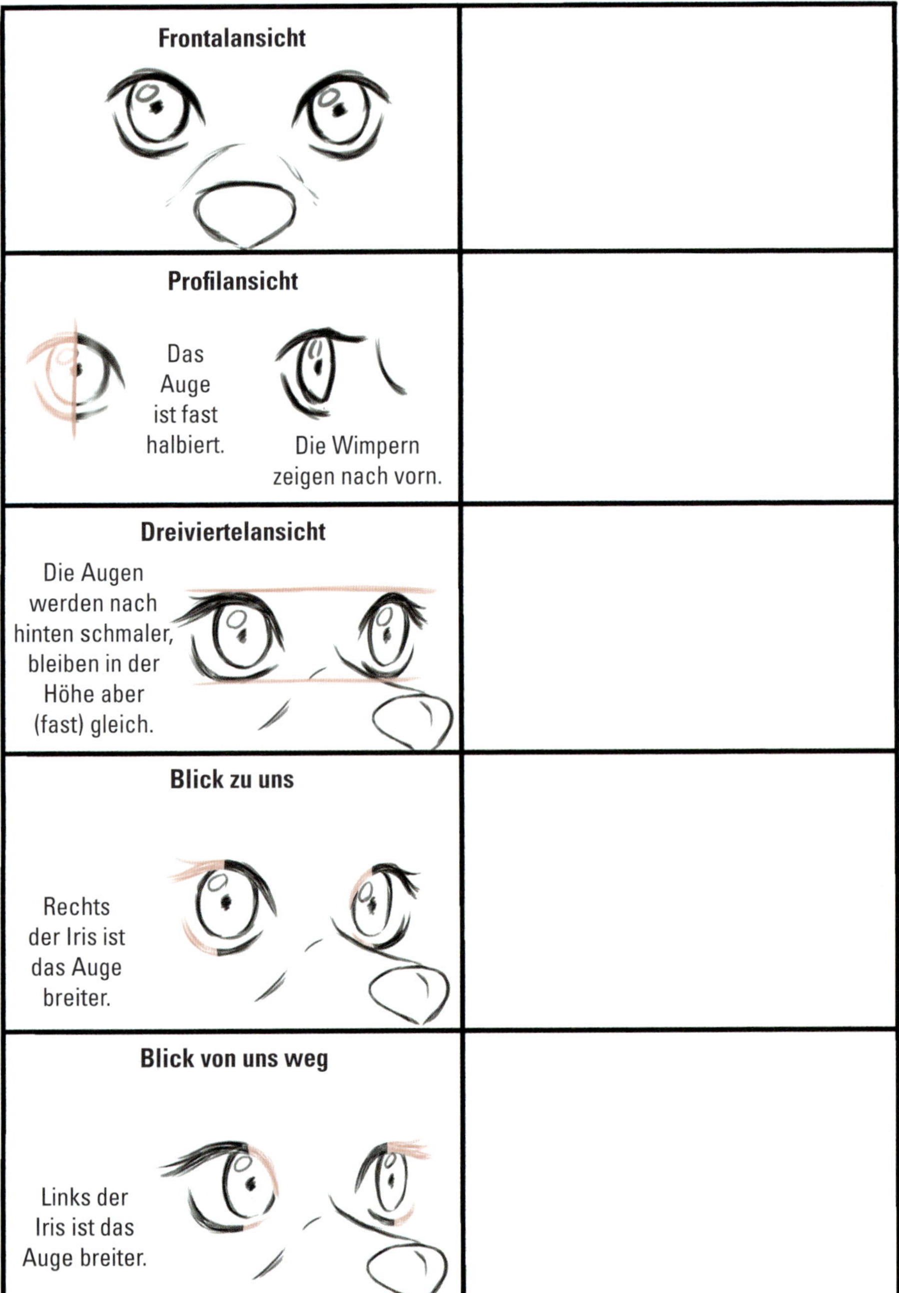

Für Fortgeschrittene

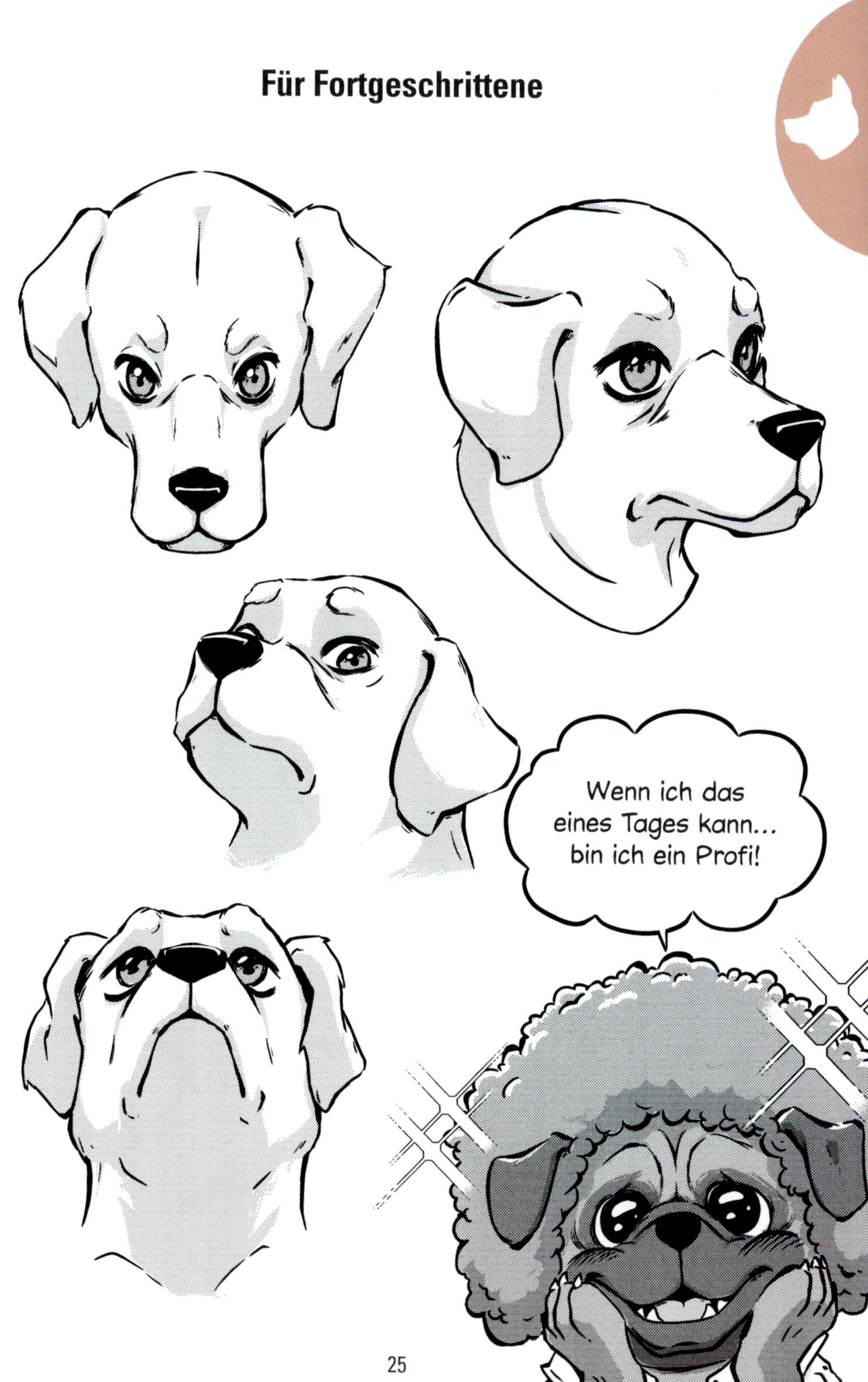

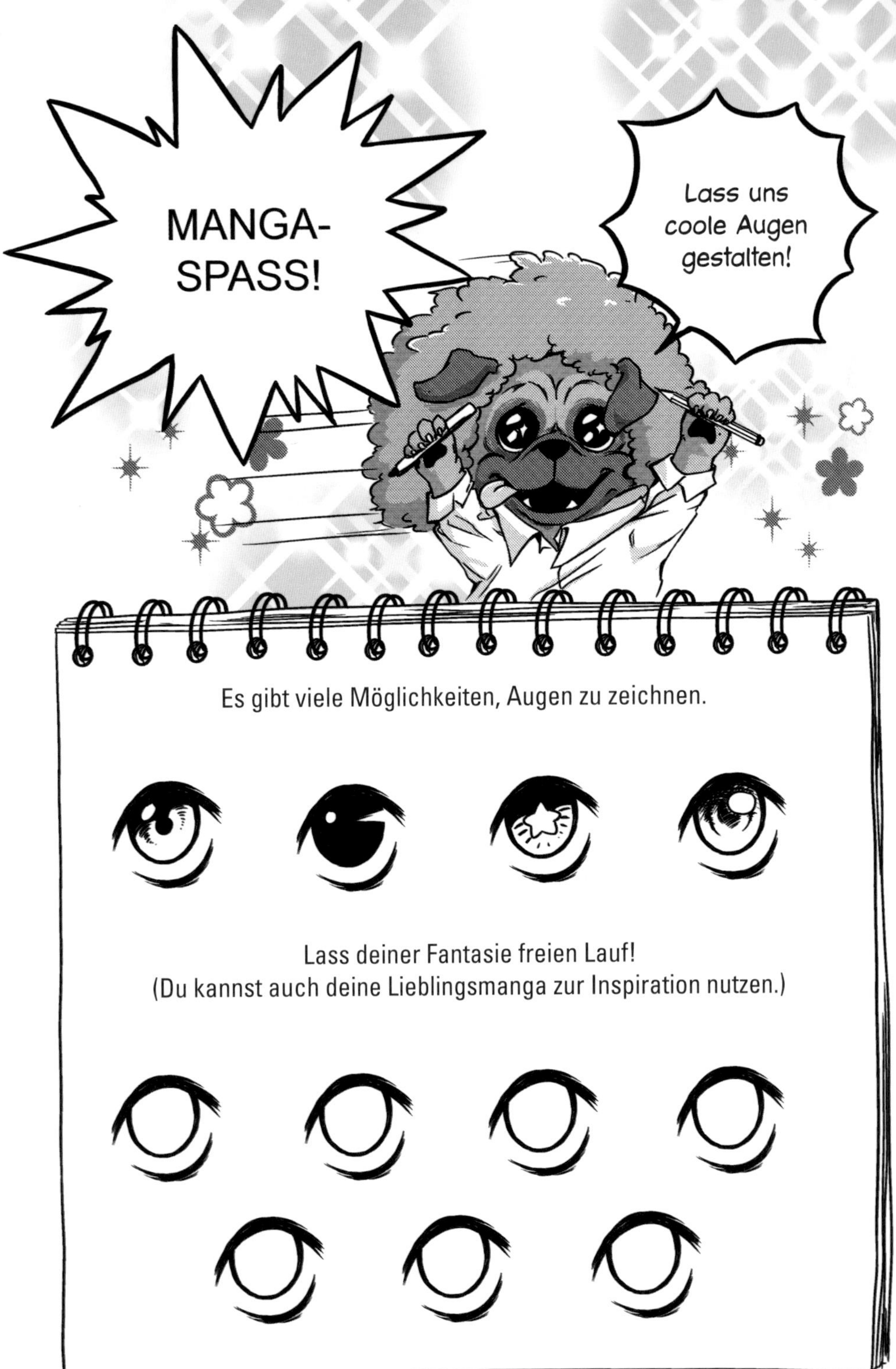
MANGA-
SPASS!
Lass uns
coole Augen
gestalten!
Es gibt viele Möglichkeiten, Augen zu zeichnen.
Lass deiner Fantasie freien Lauf!
(Du kannst auch deine Lieblingsmanga zur Inspiration nutzen.)

AUGENBRAUEN

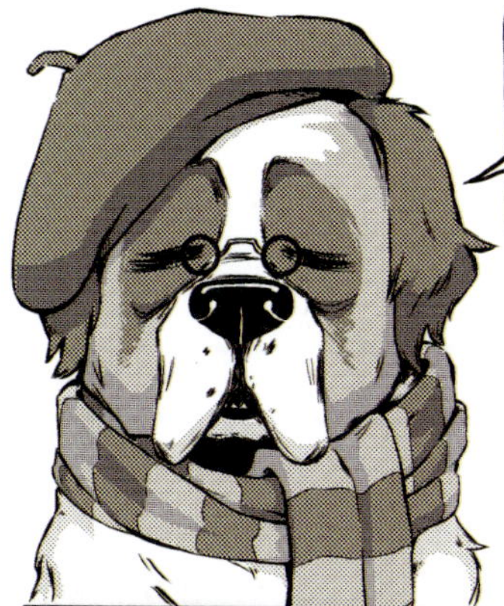

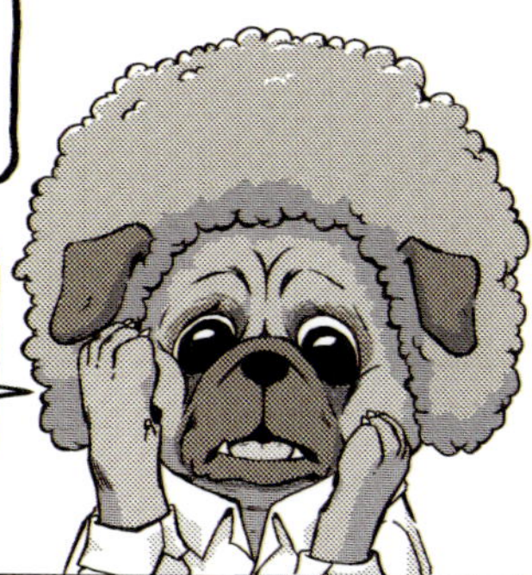

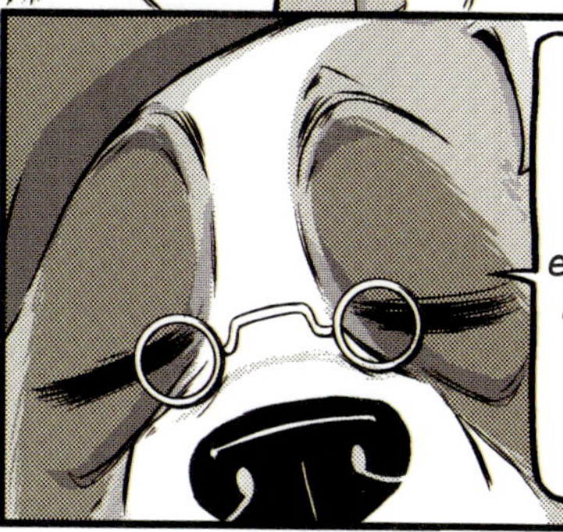

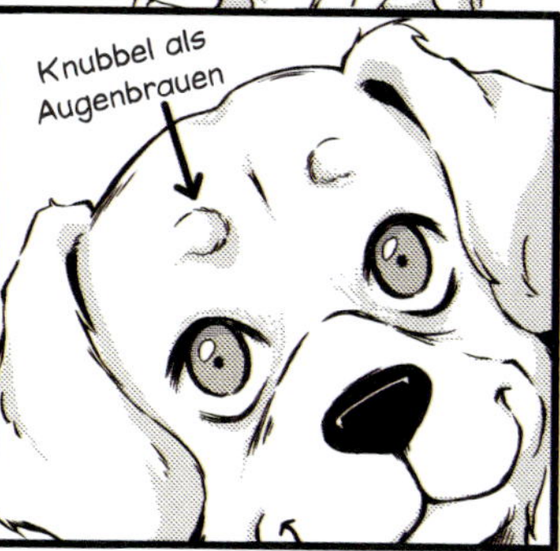

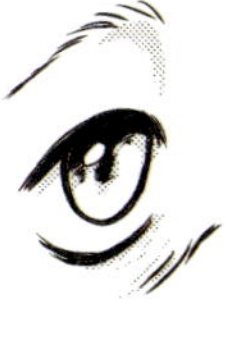

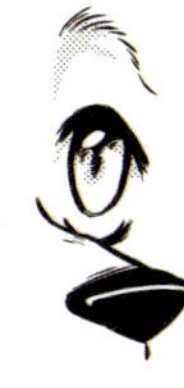

Du kannst Augenbrauen mit gestrichelten Linien zeichnen.

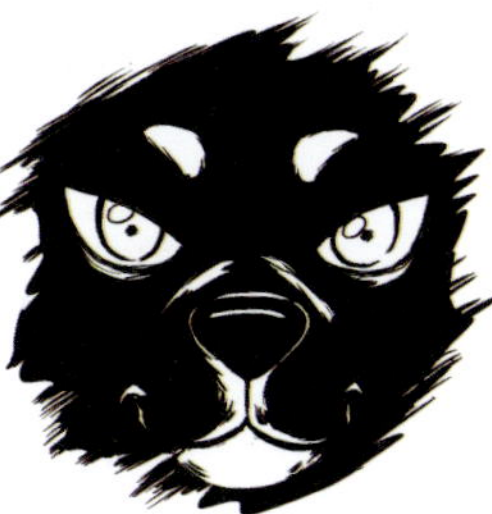

Ein schwarzer Hund kann weiße Augenbrauen haben.

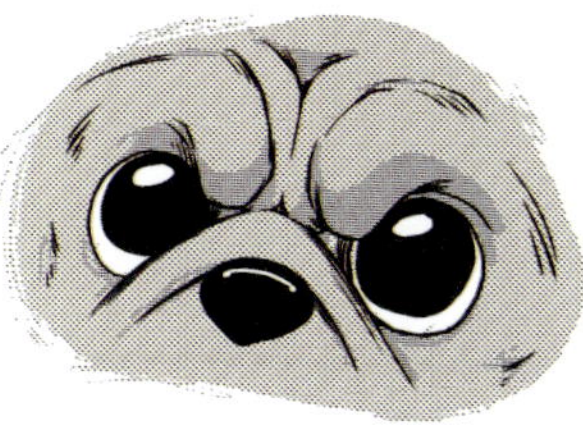

Oder du deutest sie durch Hautfalten an... wie bei Bob Mops.

NASE

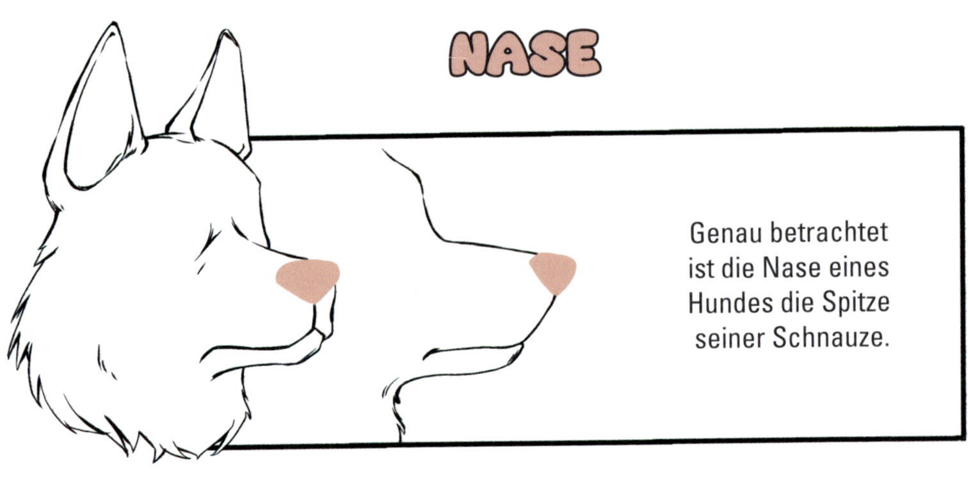

Genau betrachtet ist die Nase eines Hundes die Spitze seiner Schnauze.

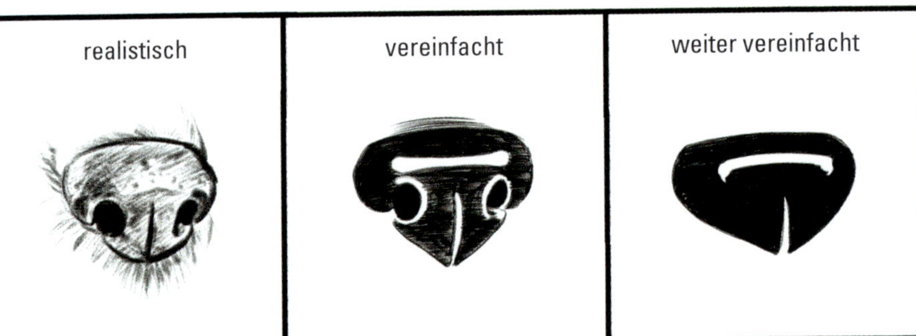

Übe und zeichne die Versionen nach.

Welche findest du am schönsten? Und welche macht am meisten Spaß zu zeichnen?

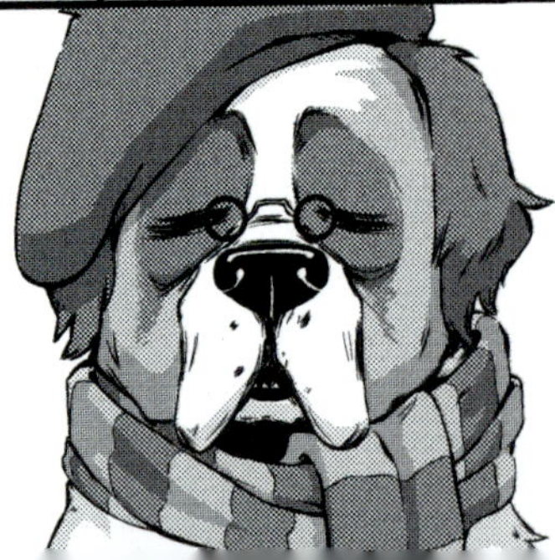

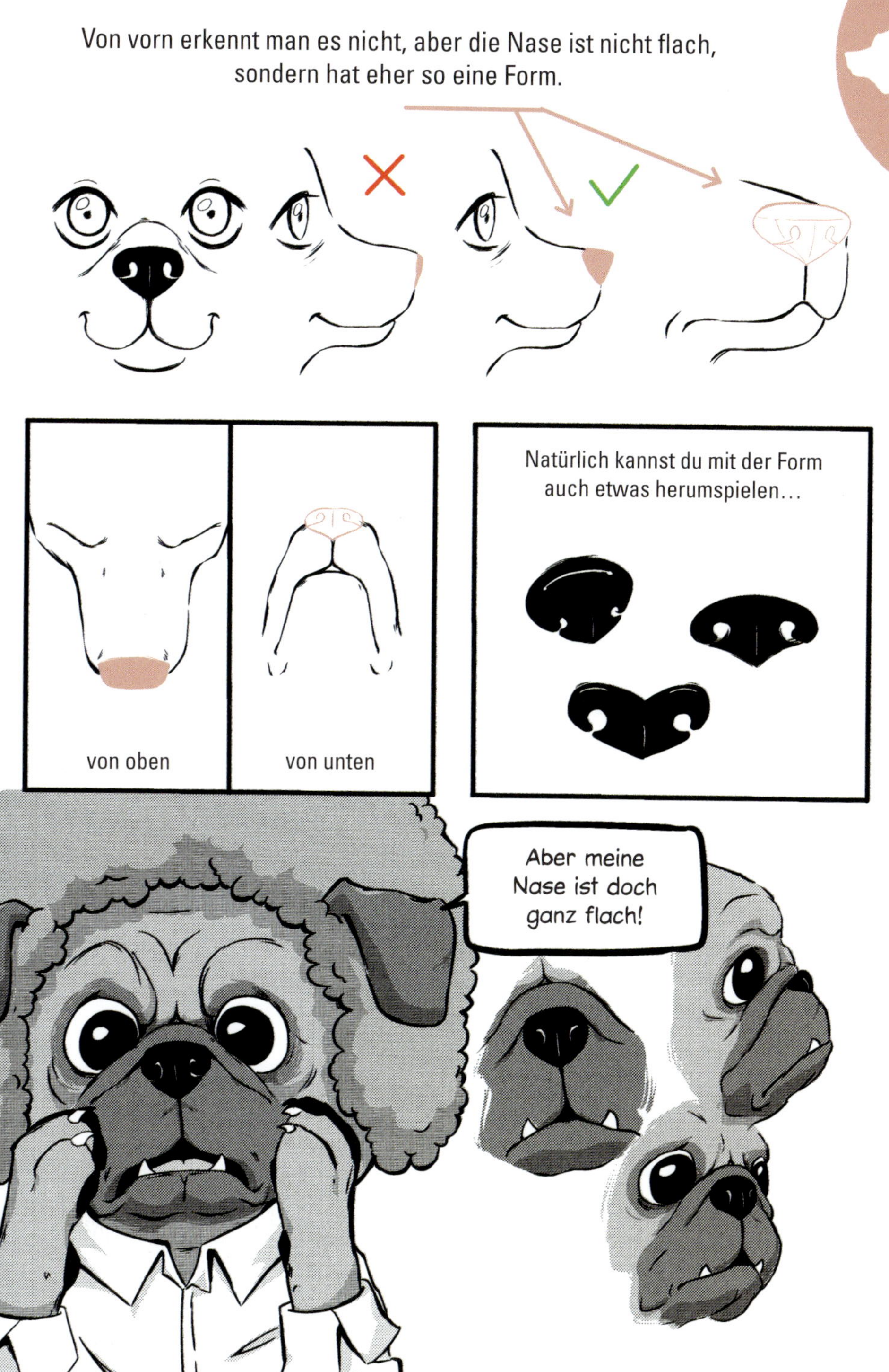
Von vorn erkennt man es nicht, aber die Nase ist nicht flach,
sondern hat eher so eine Form.
von oben
von unten
Natürlich kannst du mit der Form
auch etwas herumspielen…
Aber meine
Nase ist doch
ganz flach!

SCHNAUZE

Die Schnauze ist von der Seite gesehen lang, in der Frontalansicht aber flach. Der zeichnerische Fachbegriff dafür lautet »Perspektivische Verkürzung«.

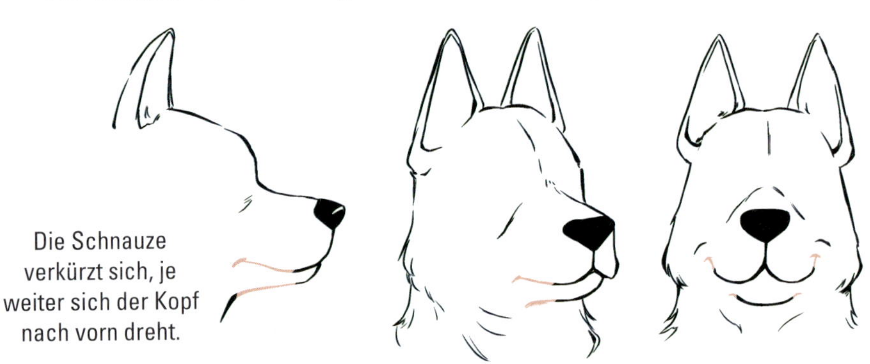

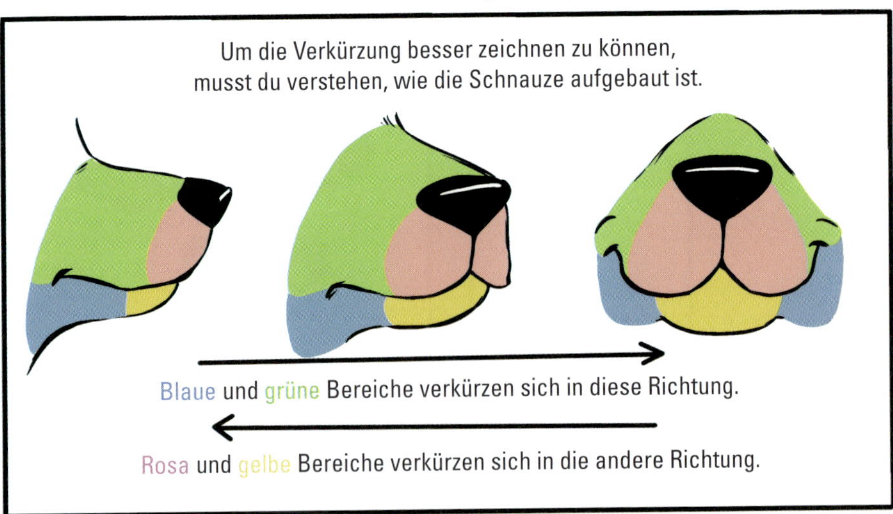

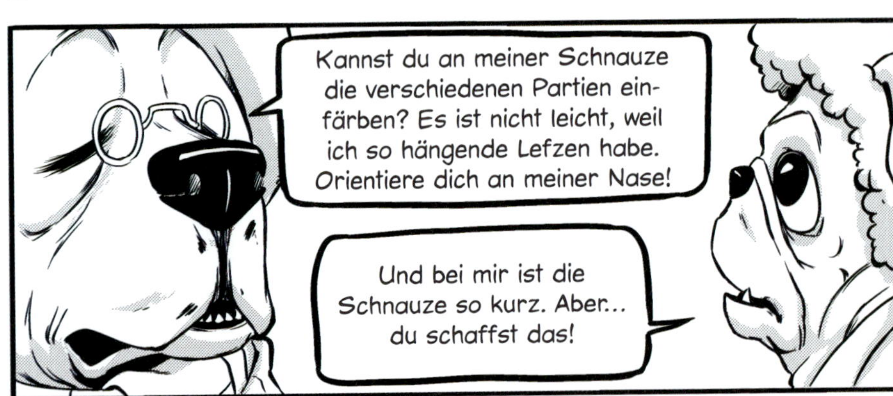

Übung

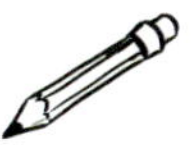

Wenn du diese vier Arten von Hundeschnauzen zeichnen kannst, beherrscht du so ziemlich jede Rasse!

ZUNGE UND ZÄHNE

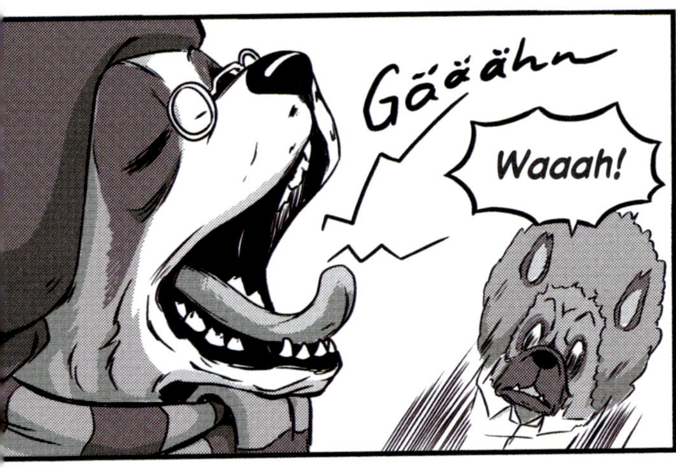

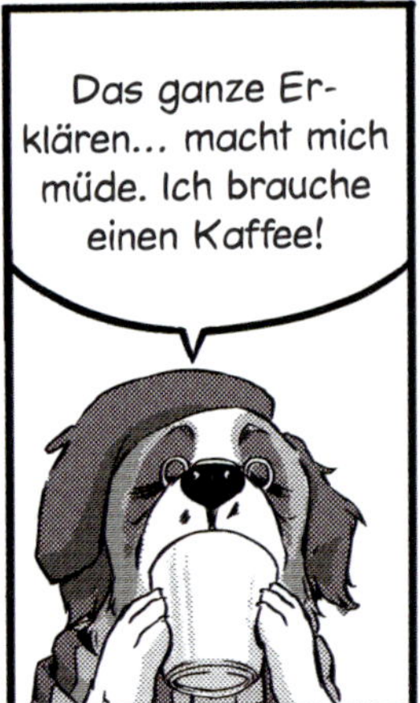

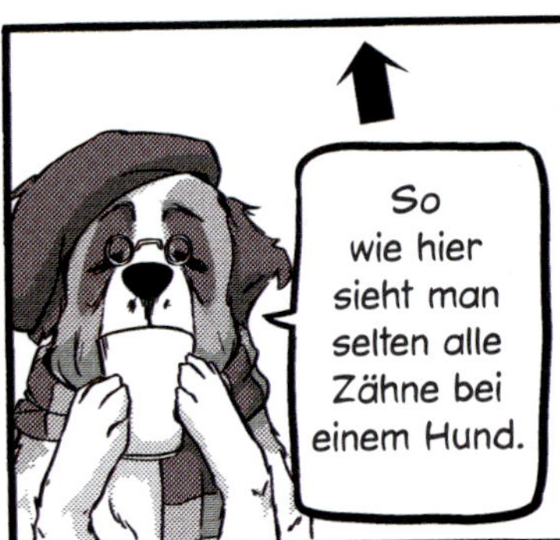

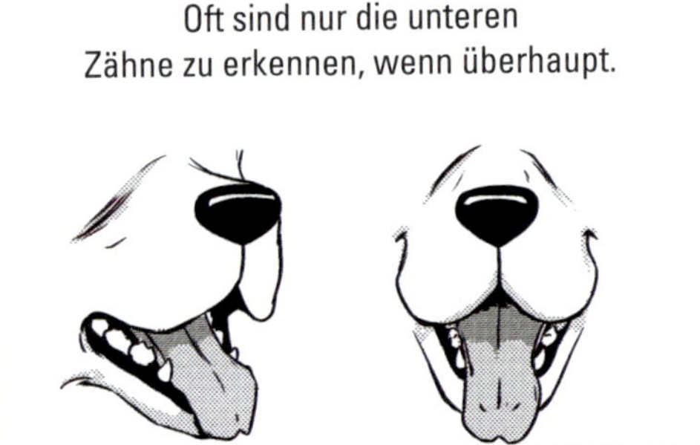

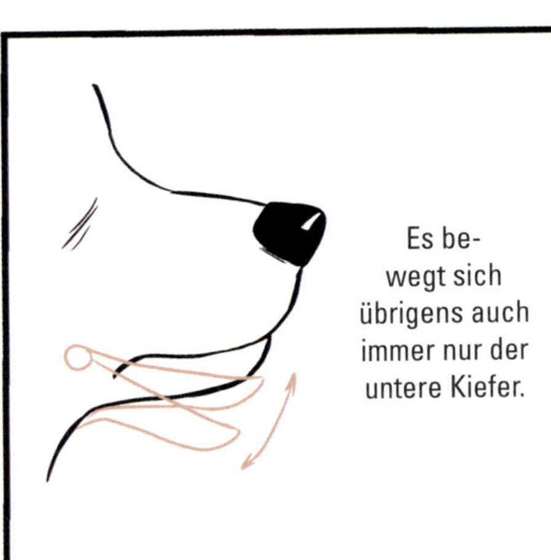

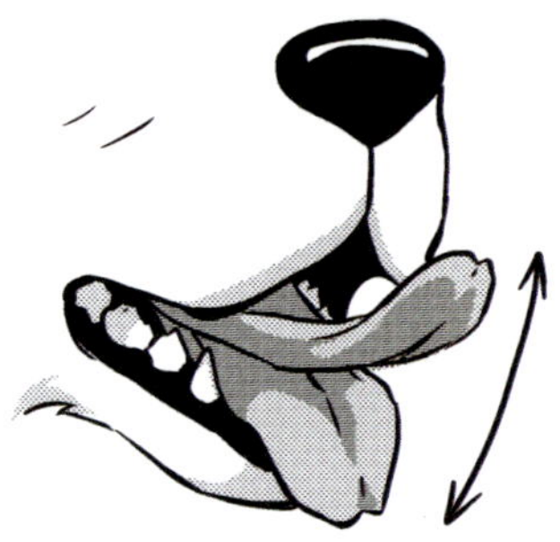

Aber die Zunge ist sehr beweglich und hängt heraus, wenn der Hund sich abkühlen muss oder wenn er sich freut.

Alle Hundezähne sind spitz,
selbst die Backenzähne.

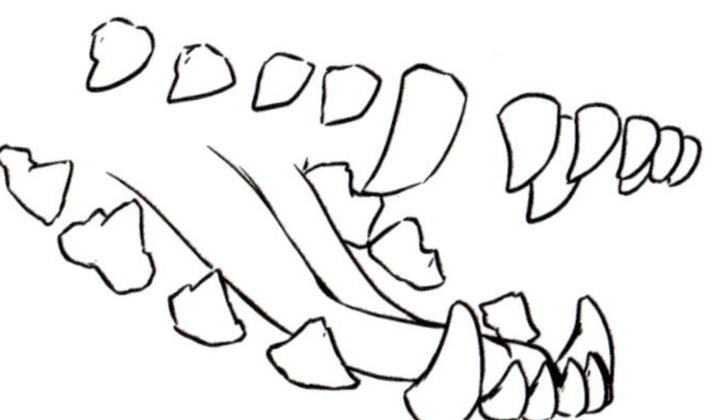

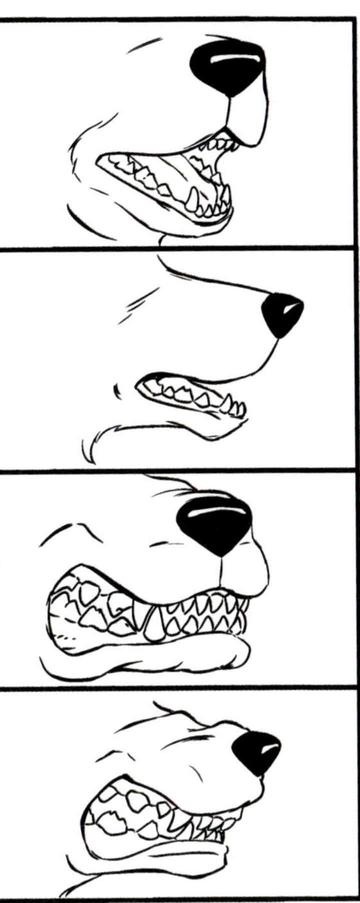

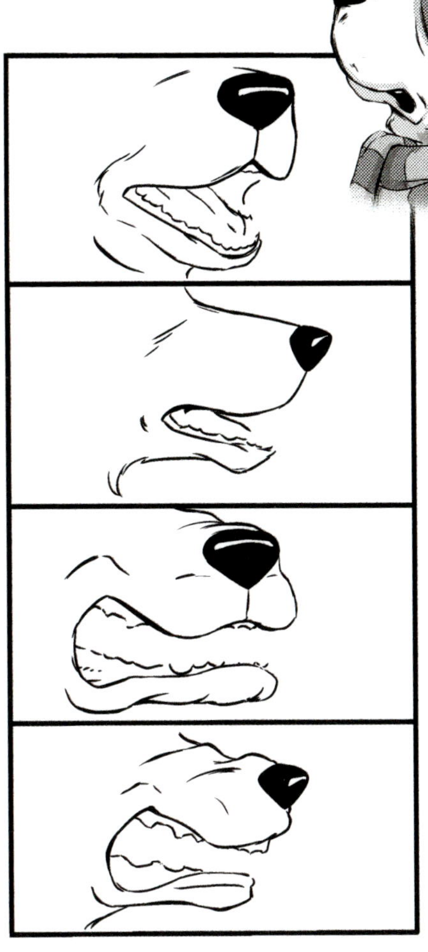

GEFÜHLE ZEIGEN

Nun setzen wir alle Teile wieder zusammen,
um Gefühle ausdrücken zu können.

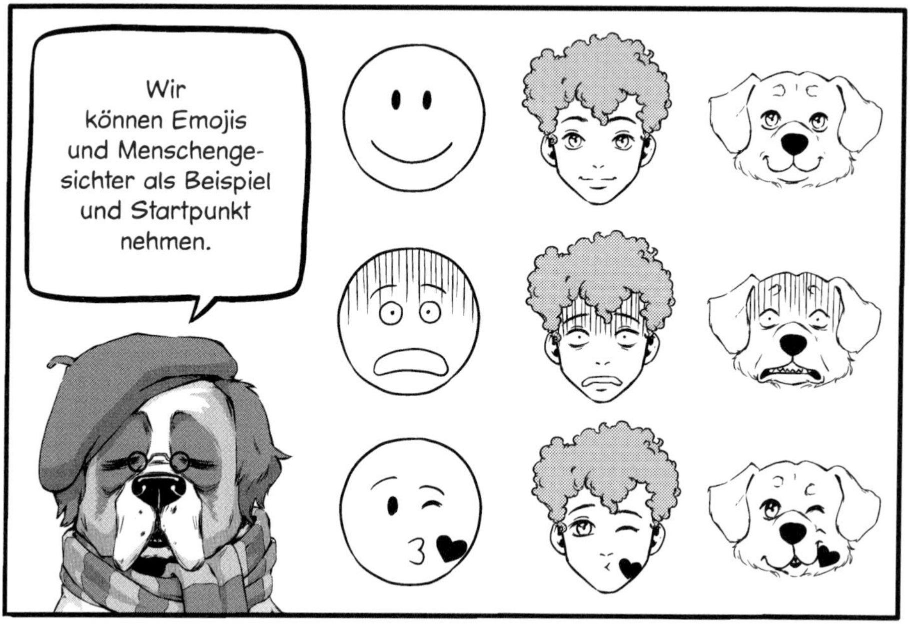

Wir können Emojis und Menschengesichter als Beispiel und Startpunkt nehmen.

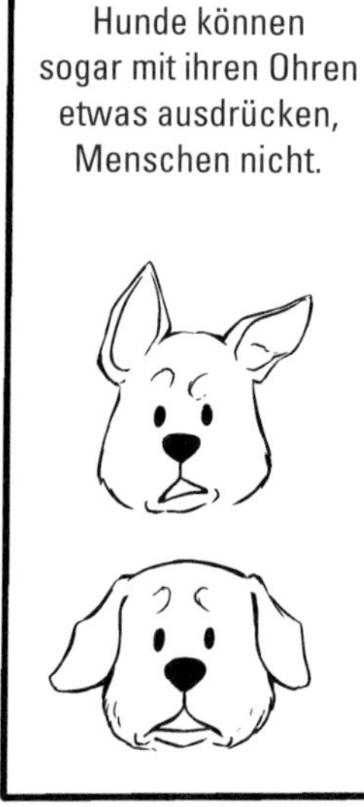

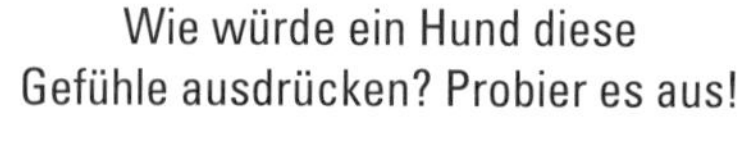

Wie würde ein Hund diese Gefühle ausdrücken? Probier es aus!

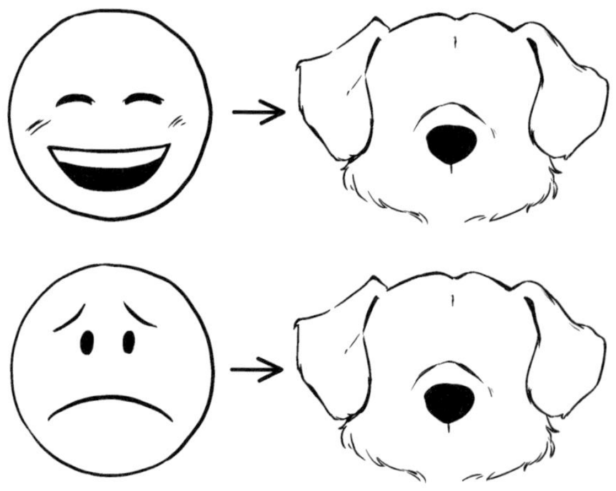

Wenn du später deinen eigenen Superhund entwirfst, kannst du zur Übung dieses Blatt ausfüllen. Jede Stimmung ist möglich!

glücklich	traurig	verwirrt
verängstigt	wütend	überrascht
müde	entschlossen	genervt

Übung

Wähle eine Hunderasse und eine Emotion!

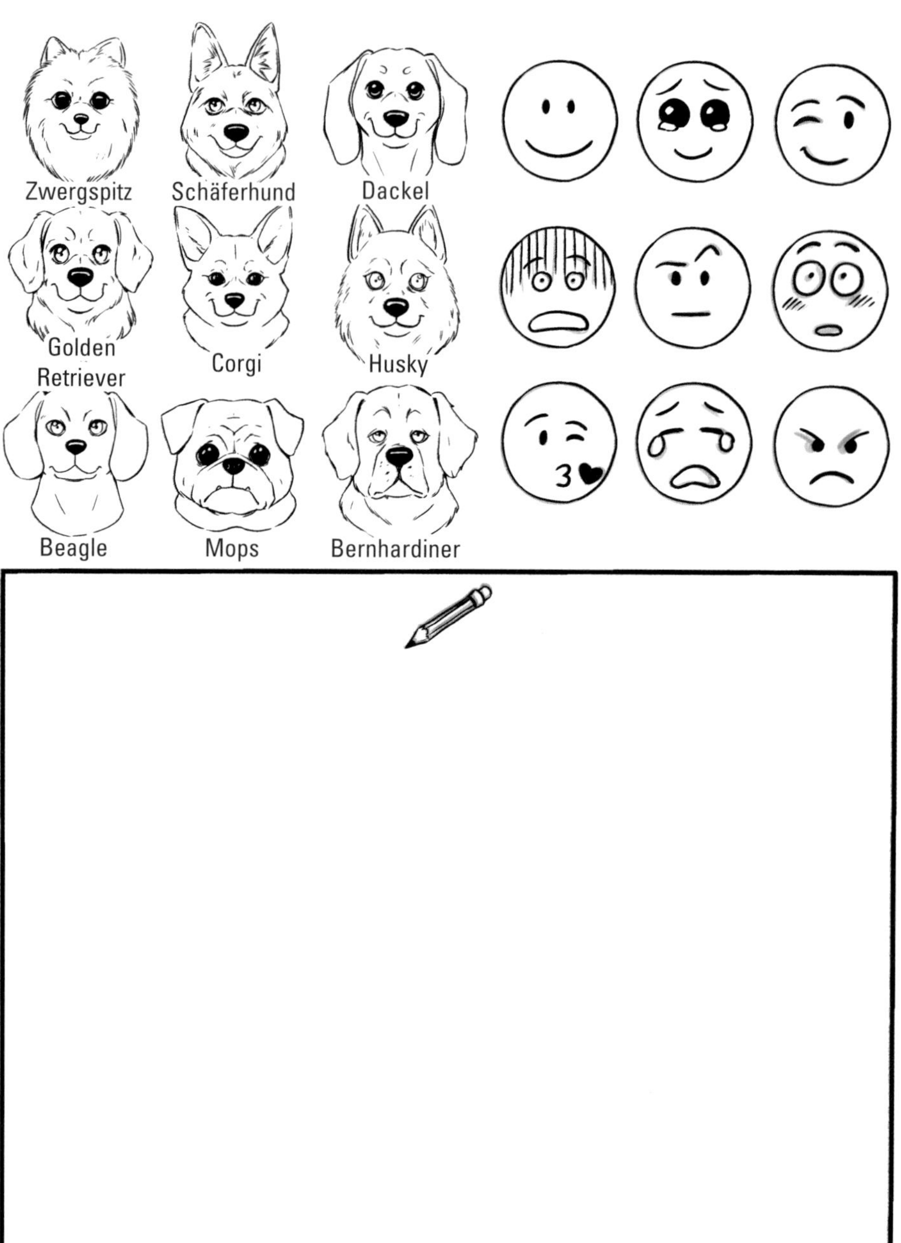

Kapitel 2

DER KÖRPER

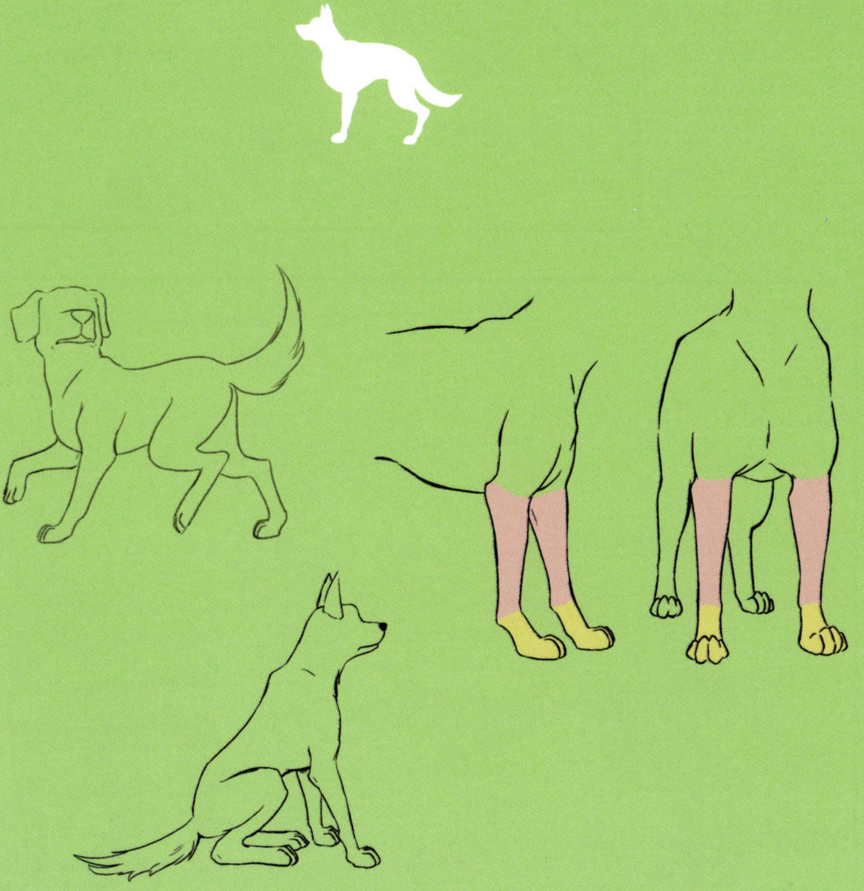

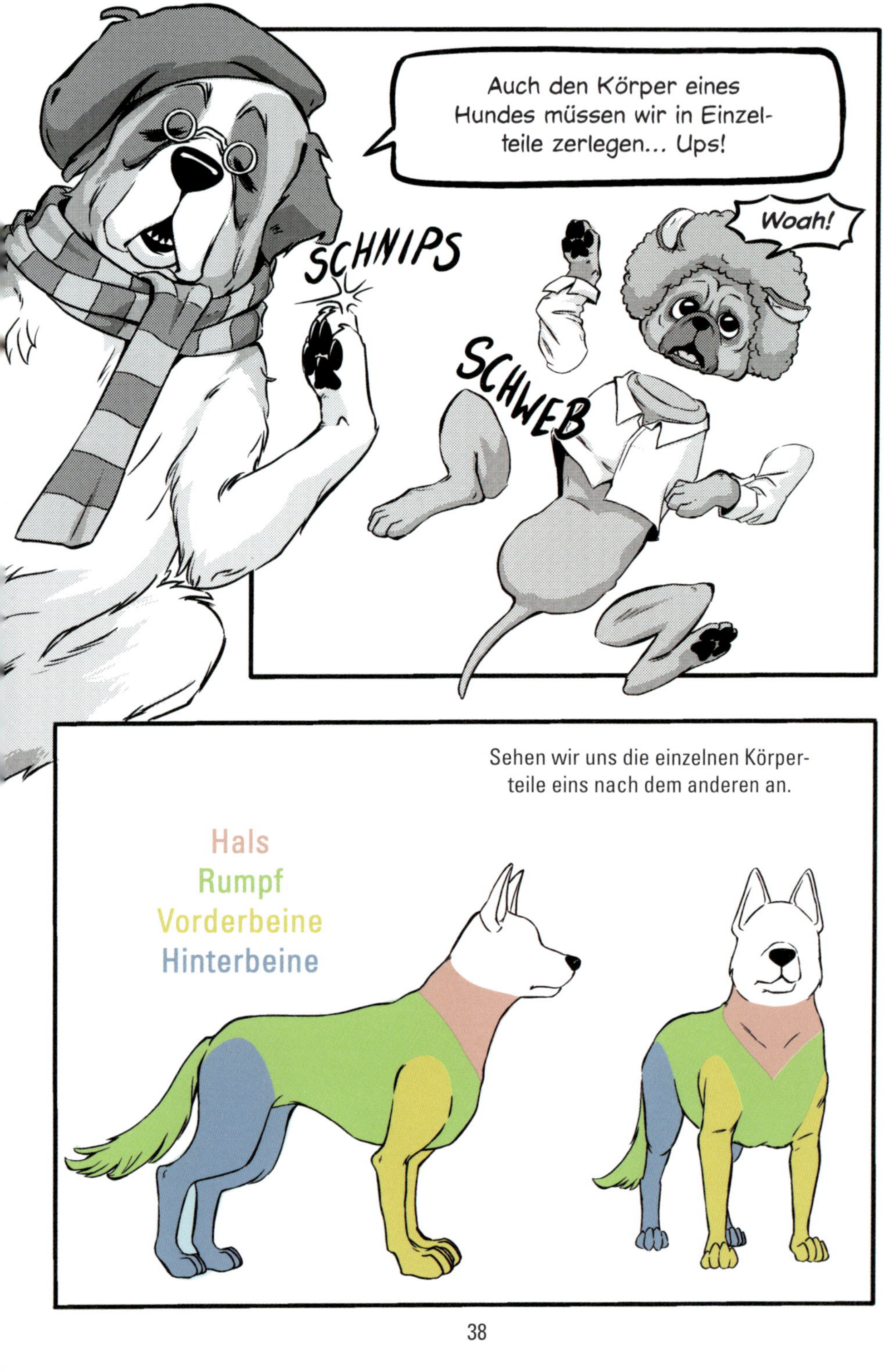

Auch den Körper eines Hundes müssen wir in Einzelteile zerlegen… Ups!

SCHNIPS

Woah!

SCHWEB

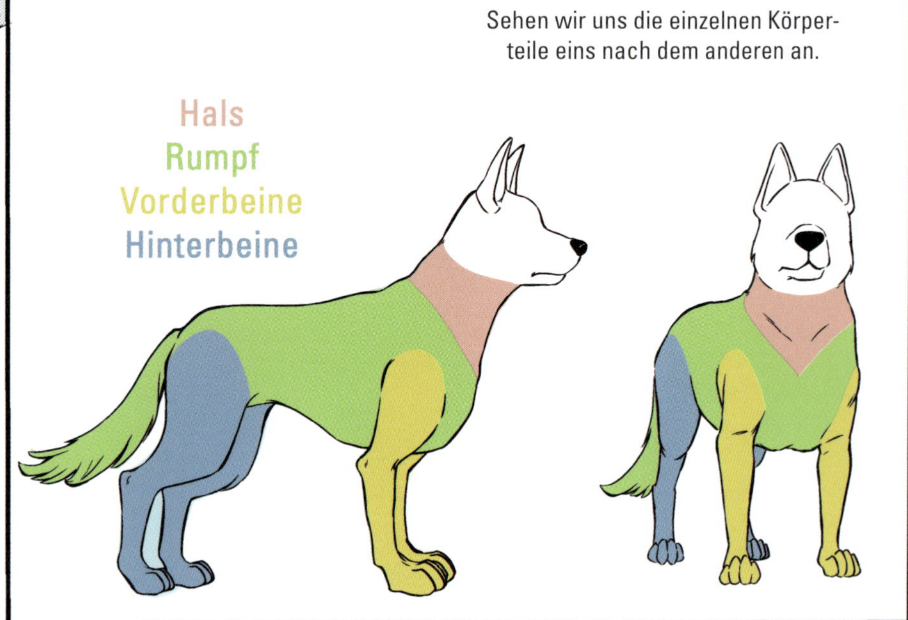

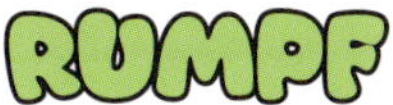

Der größte Körperteil ist der Rumpf…
an den man die Pfoten »drankleben« kann.

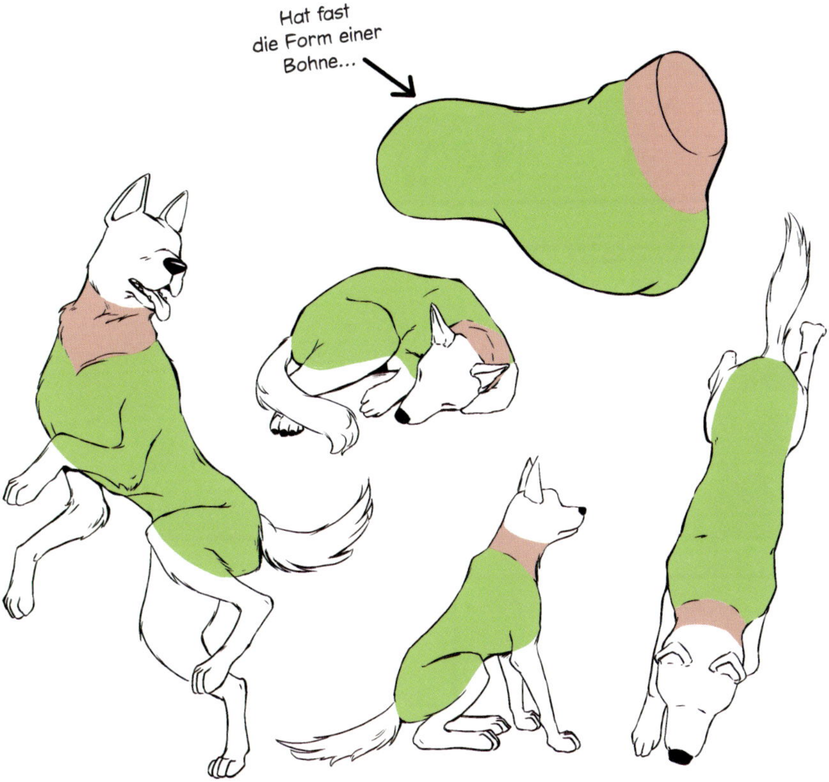

Hat fast die Form einer Bohne…

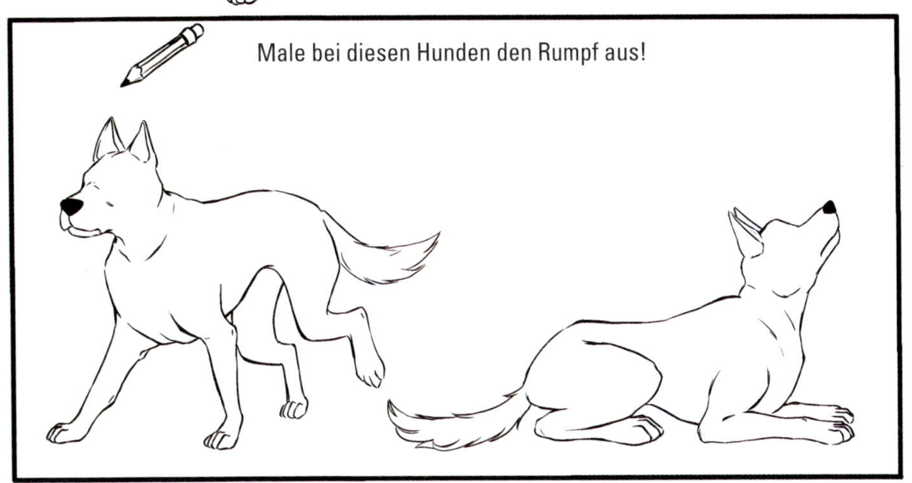

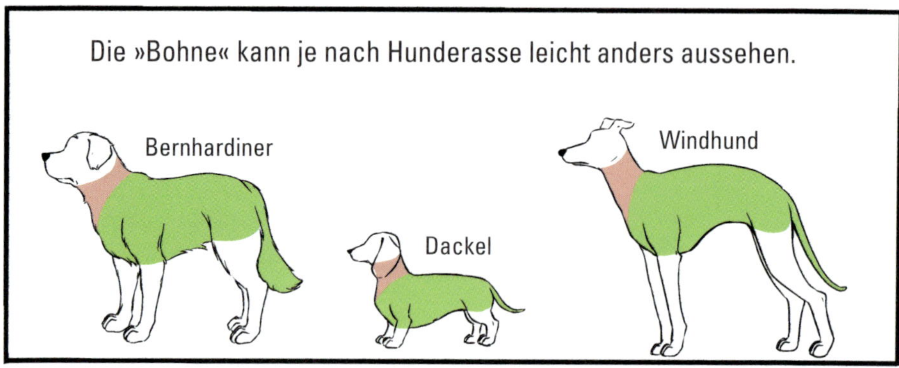

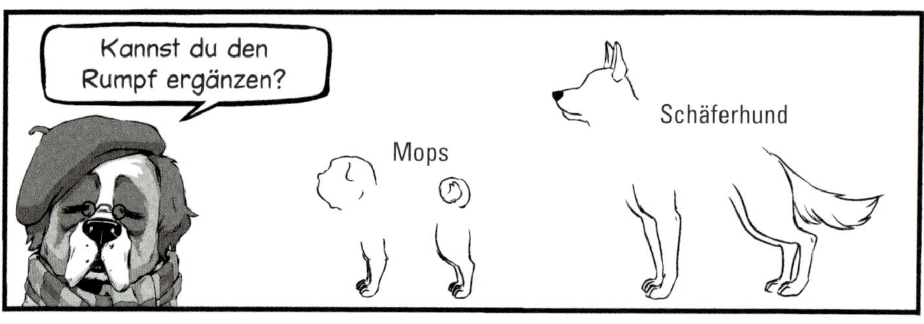

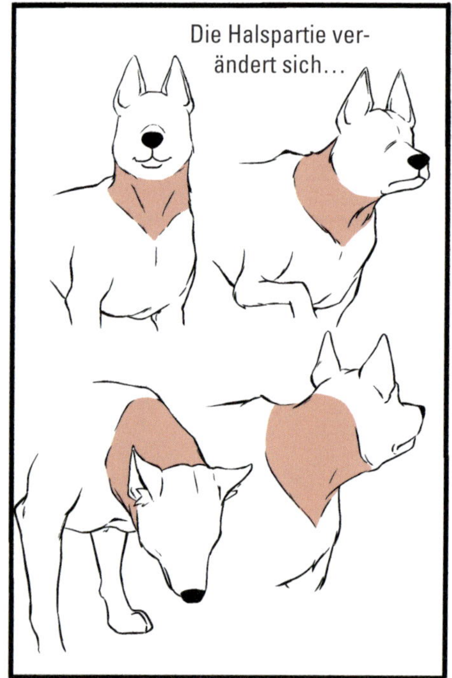

Je nachdem, in welche Richtung der Hund guckt, passt sich der Hals an.

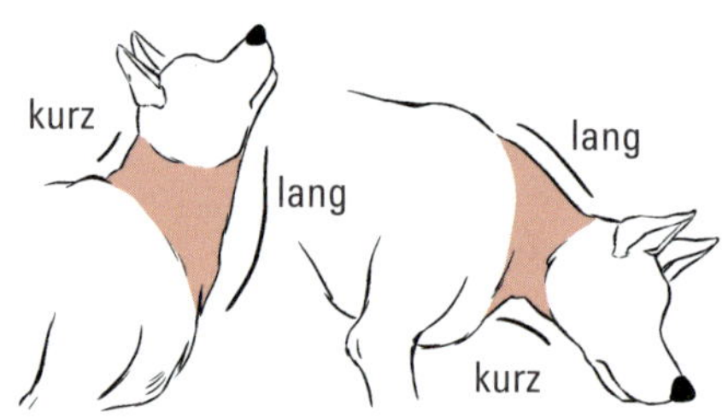

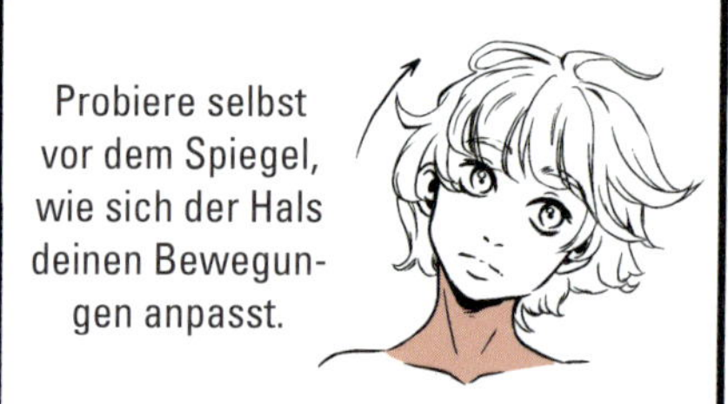

Der Schwanz eines Hundes ist die Verlängerung seines Rumpfes oder besser: der Wirbelsäule.

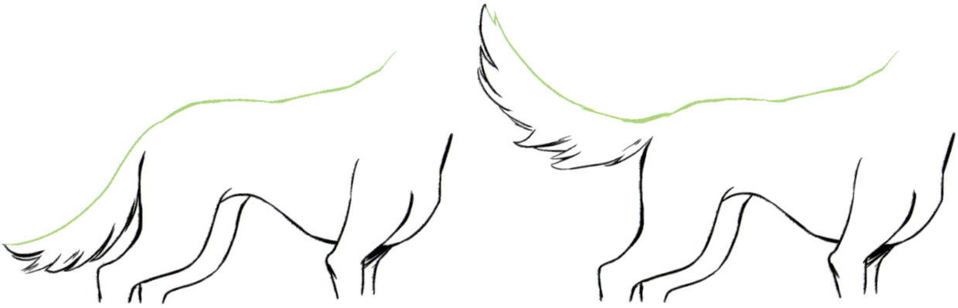

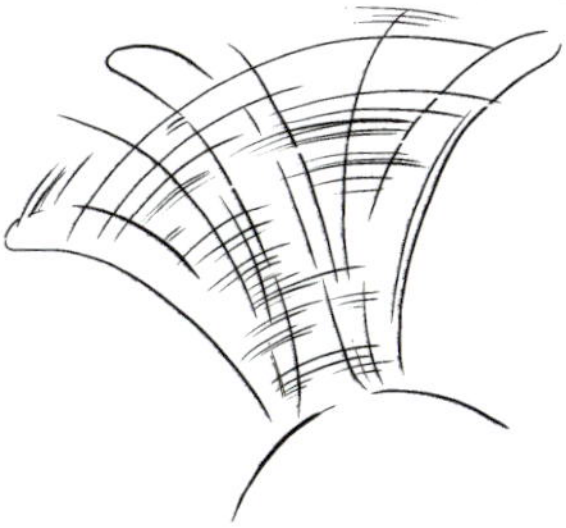

Er ist sehr beweglich und sehr wichtig für die Kommunikation mit Menschen und anderen Hunden.

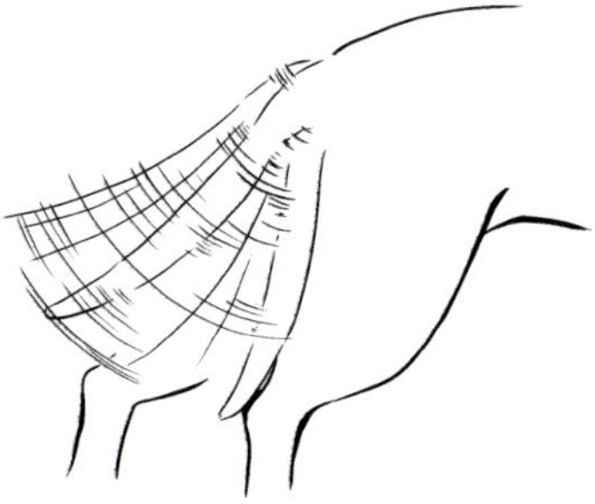

Weißt du, welchen Schwanz diese Hunderassen haben?

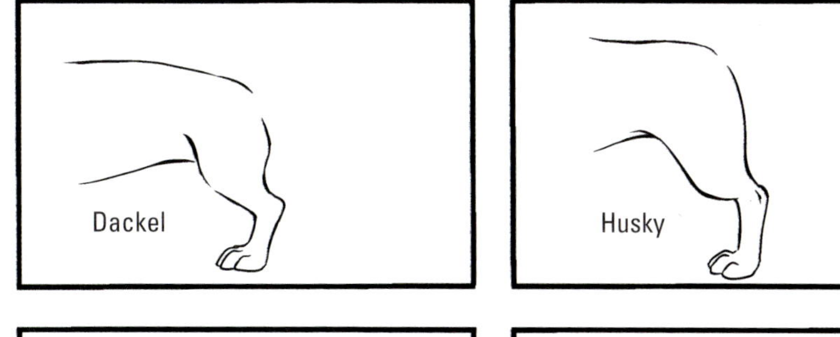

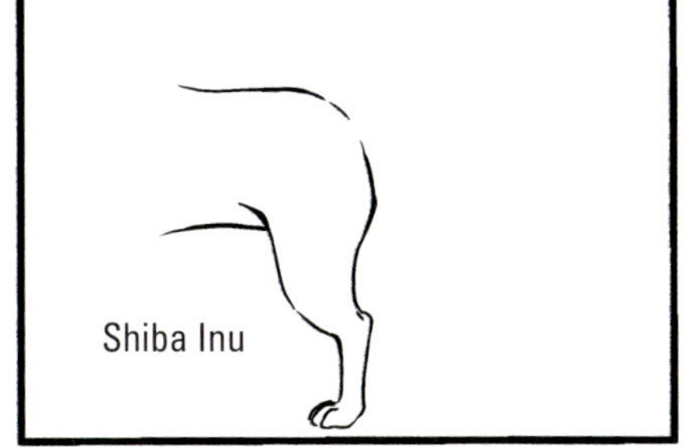

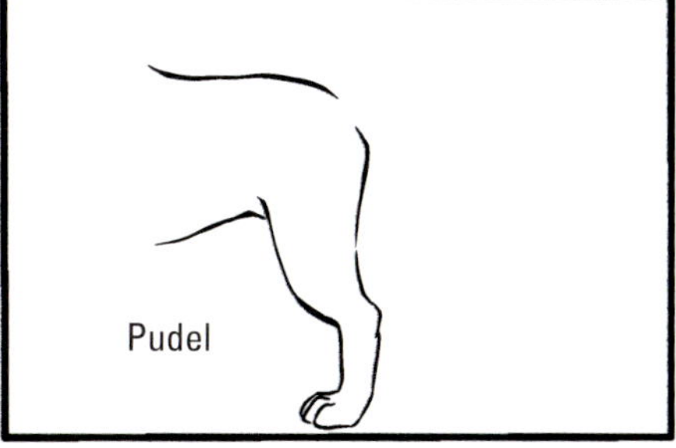

Die Vorderbeine eines Hundes bewegen sich an drei Gelenken (plus eins!).

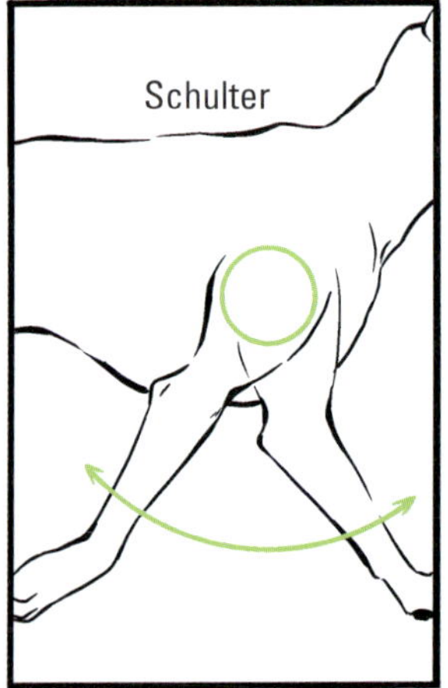

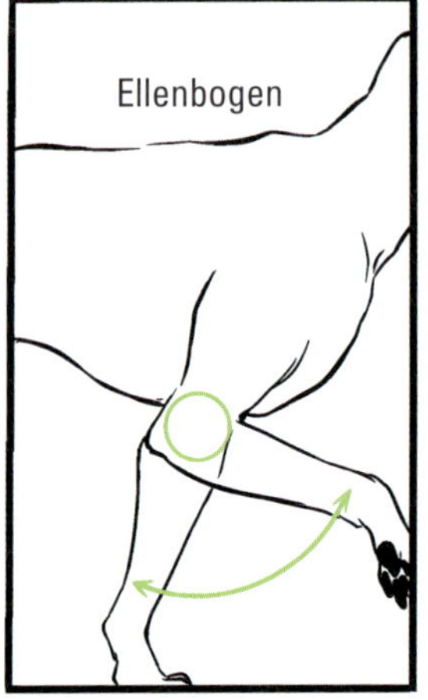

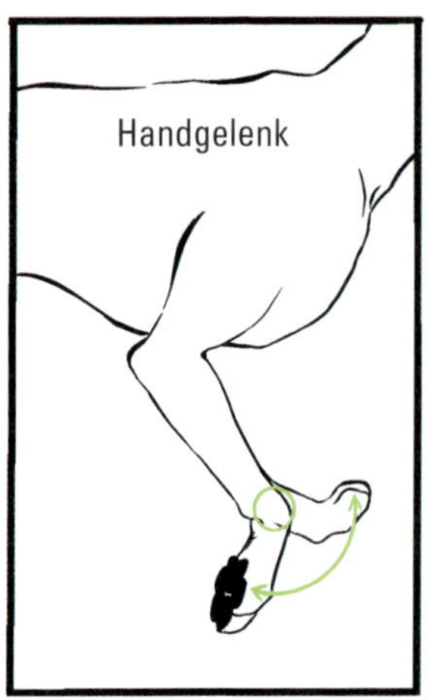

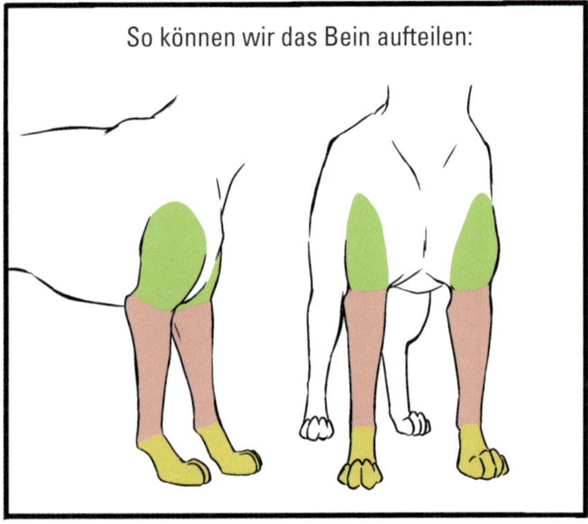

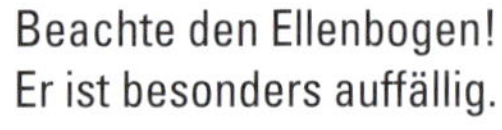
Beachte den Ellenbogen!
Er ist besonders auffällig.

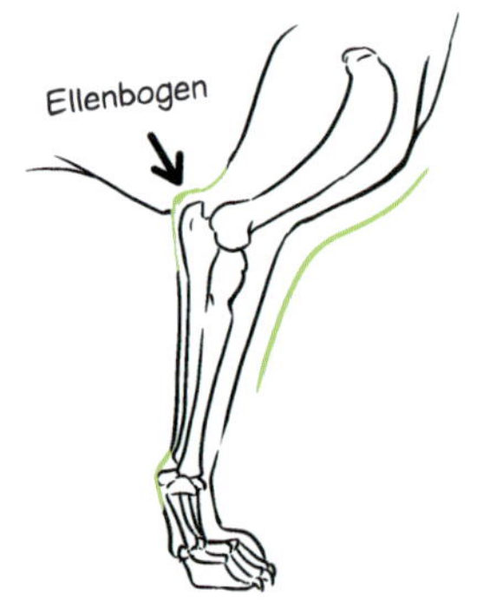

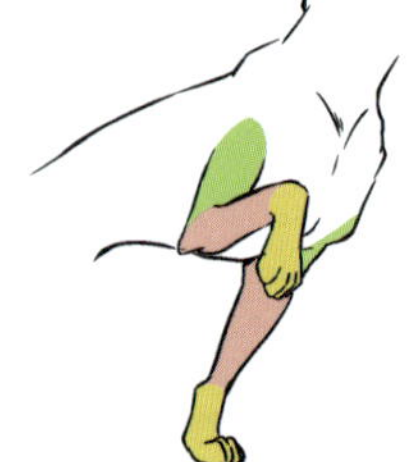

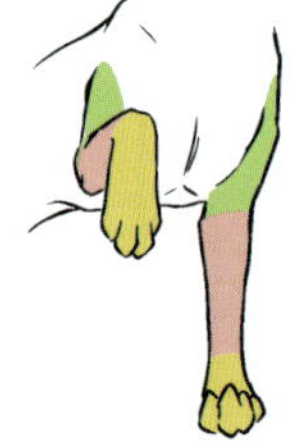

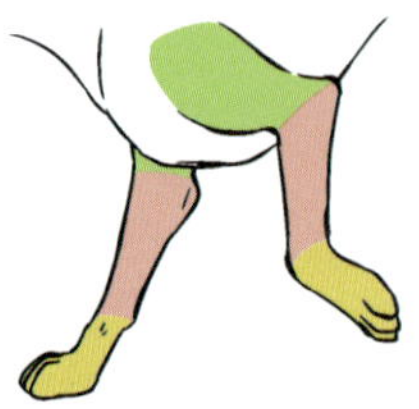

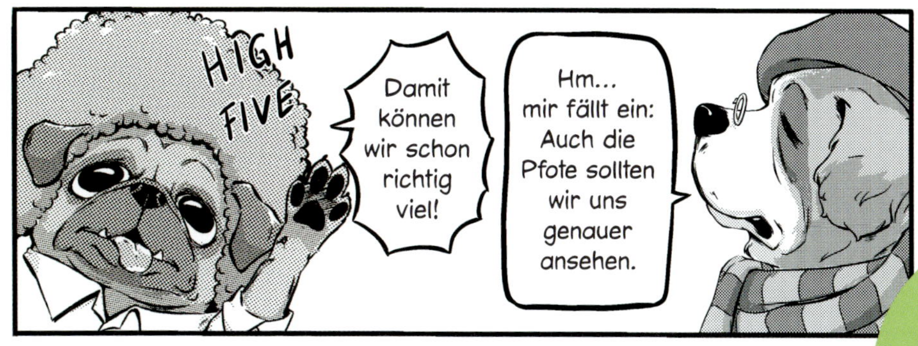
HIGH FIVE
Damit können wir schon richtig viel!
Hm... mir fällt ein: Auch die Pfote sollten wir uns genauer ansehen.

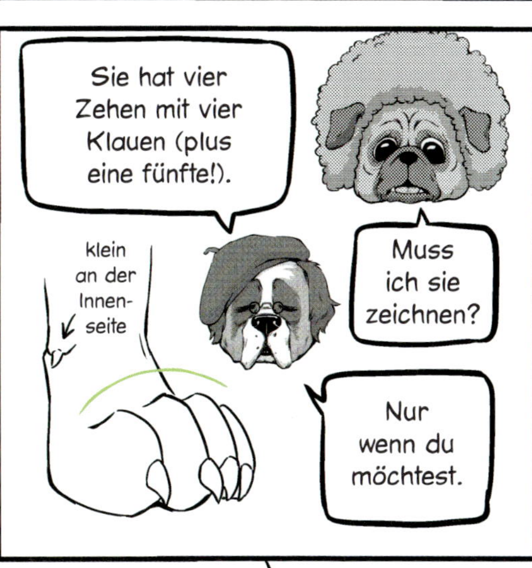
Sie hat vier Zehen mit vier Klauen (plus eine fünfte!).
Muss ich sie zeichnen?
klein an der Innen-seite
Nur wenn du möchtest.

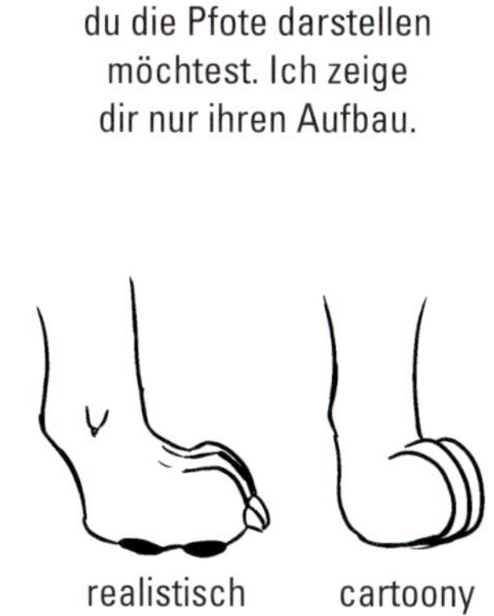
Es ist dir über-lassen, wie realistisch du die Pfote darstellen möchtest. Ich zeige dir nur ihren Aufbau.
realistisch
cartoony

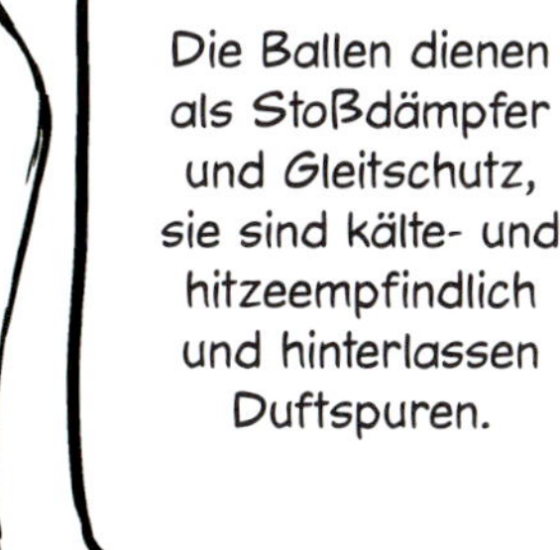
Die Ballen dienen als Stoßdämpfer und Gleitschutz, sie sind kälte- und hitzeempfindlich und hinterlassen Duftspuren.

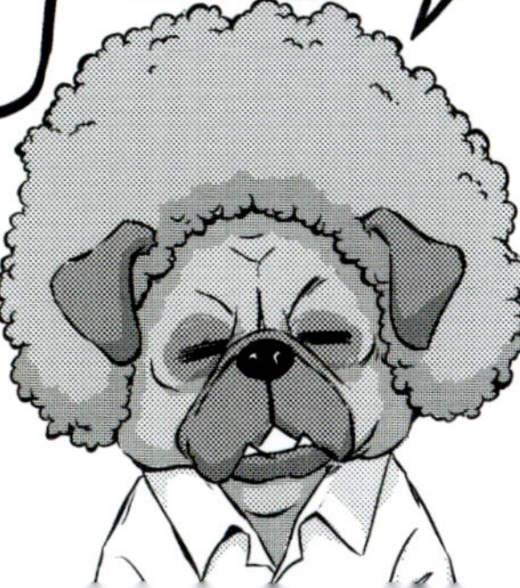
Mir ist laaaangweilig. Können wir bitte wieder etwas Spannendes machen?

HINTERBEINE

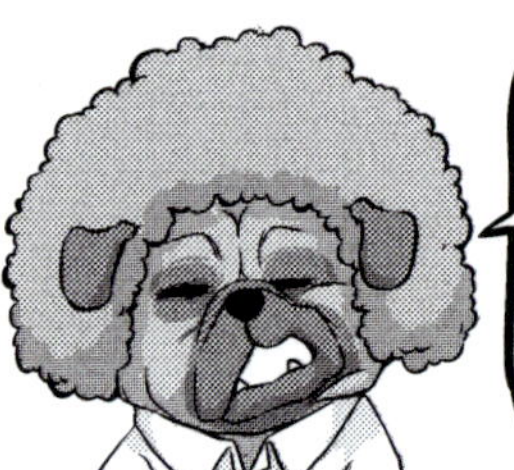

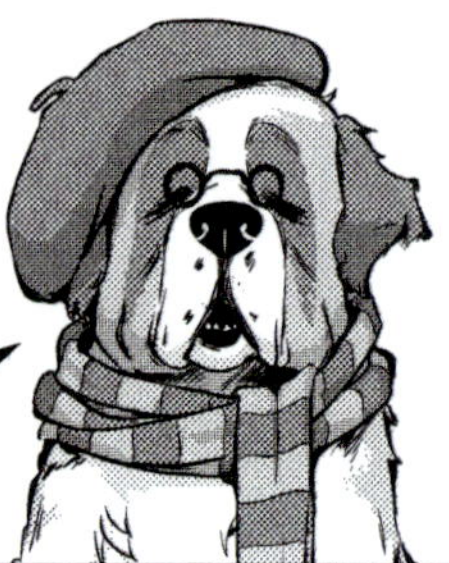

Die Hinterbeine bewegen sich auch an drei Gelenken.

Hüfte

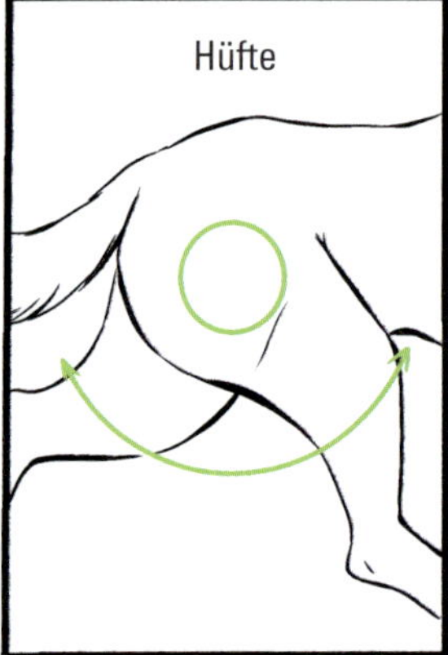

Knie

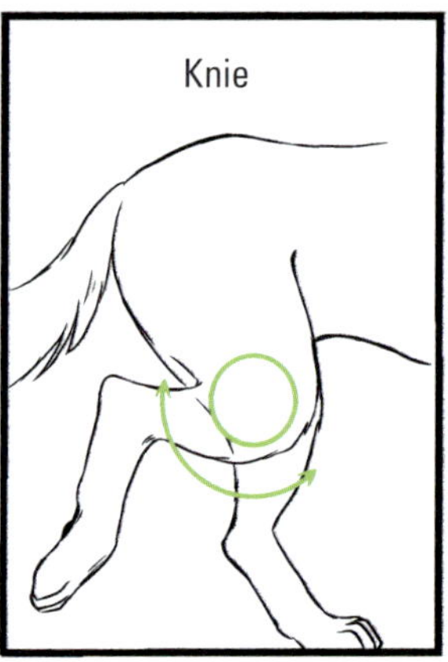

Ferse

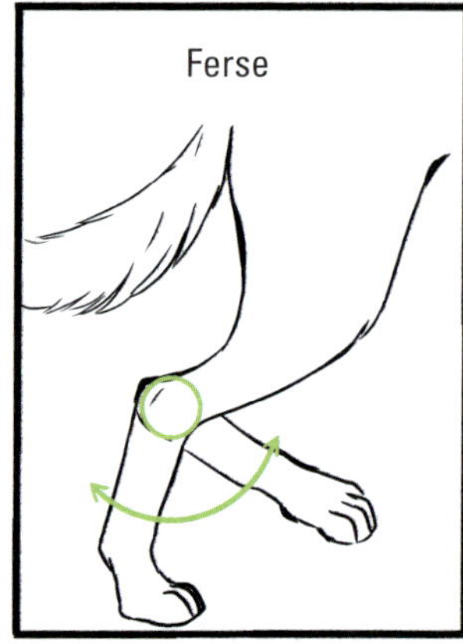

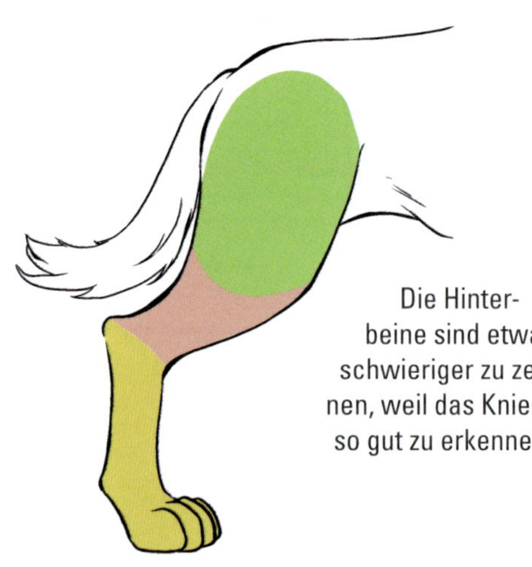

Die Hinterbeine sind etwas schwieriger zu zeichnen, weil das Knie nicht so gut zu erkennen ist.

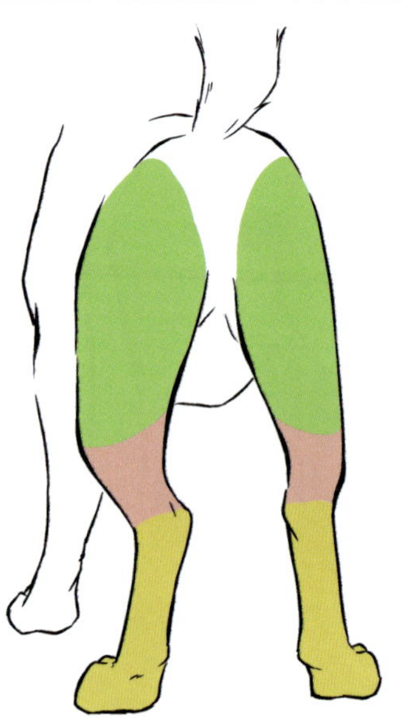

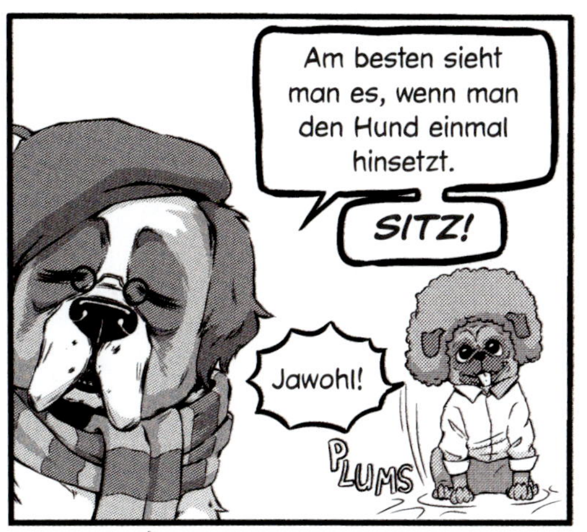

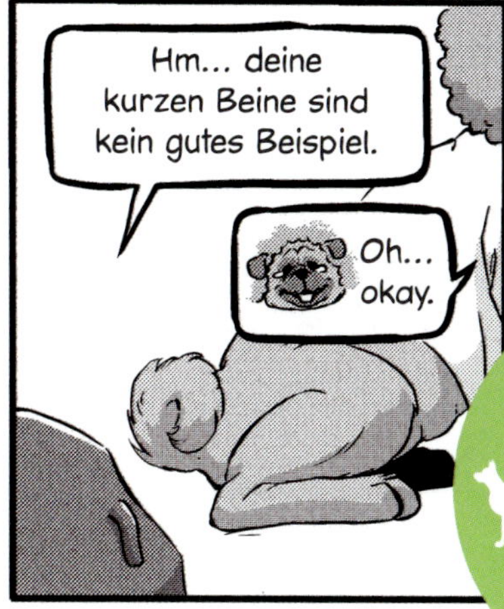

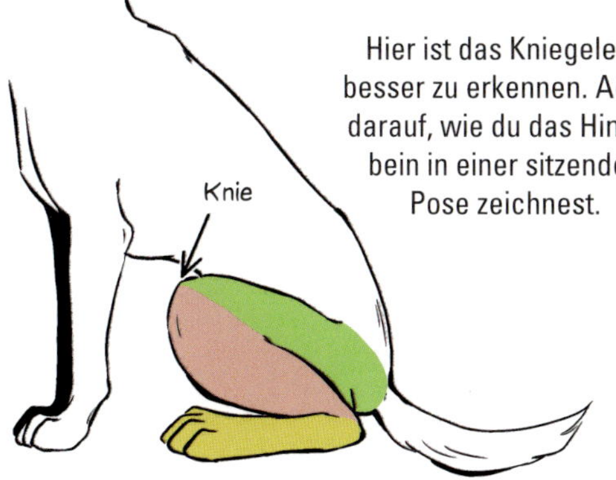

Hier ist das Kniegelenk besser zu erkennen. Achte darauf, wie du das Hinterbein in einer sitzenden Pose zeichnest.

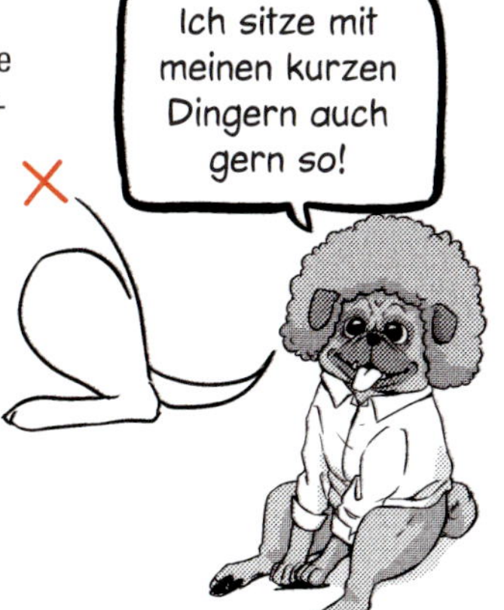

Das Bein dreht sich beim Sitzen leicht nach außen.

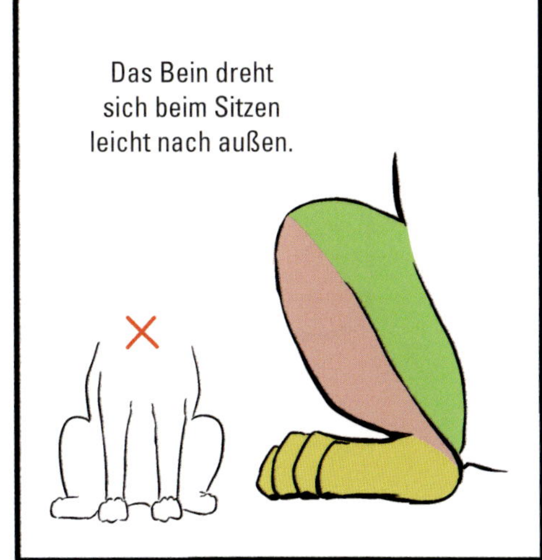

Die Hinterpfote ist ähnlich der Vorderpfote und das vierte Gelenk des Hinterbeins.

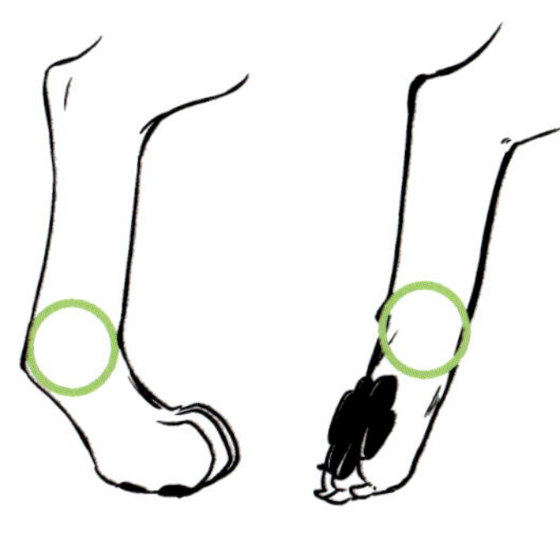

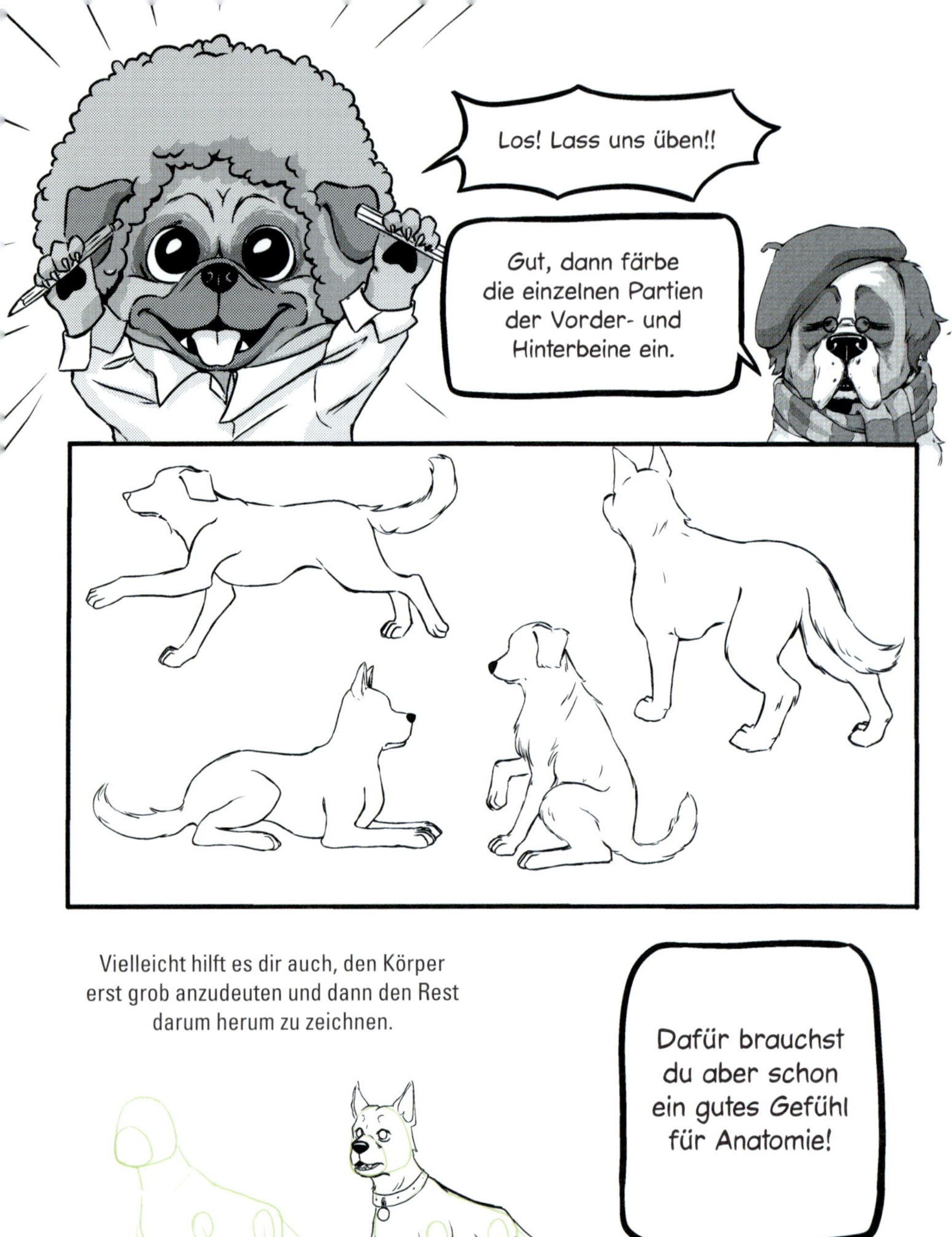
Los! Lass uns üben!!
Gut, dann färbe die einzelnen Partien der Vorder- und Hinterbeine ein.
Vielleicht hilft es dir auch, den Körper erst grob anzudeuten und dann den Rest darum herum zu zeichnen.
Dafür brauchst du aber schon ein gutes Gefühl für Anatomie!

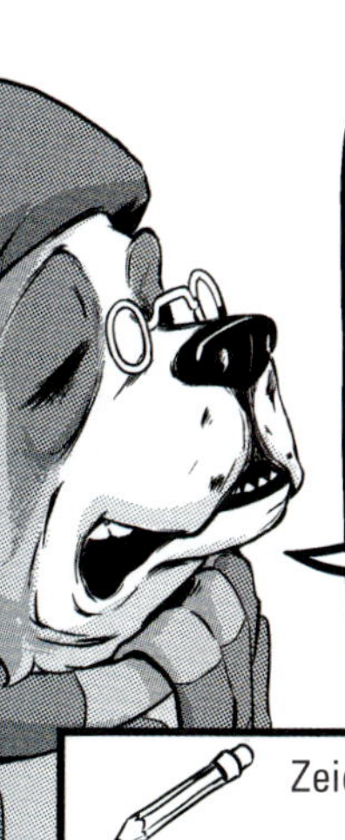

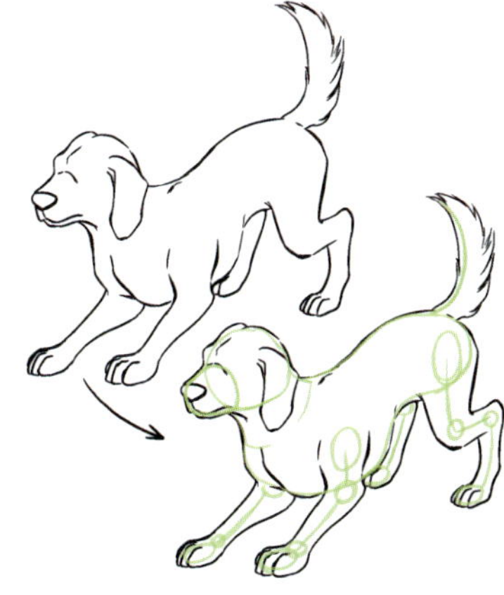

Zeichne die Strichfigur in diese Hundekörper ein!

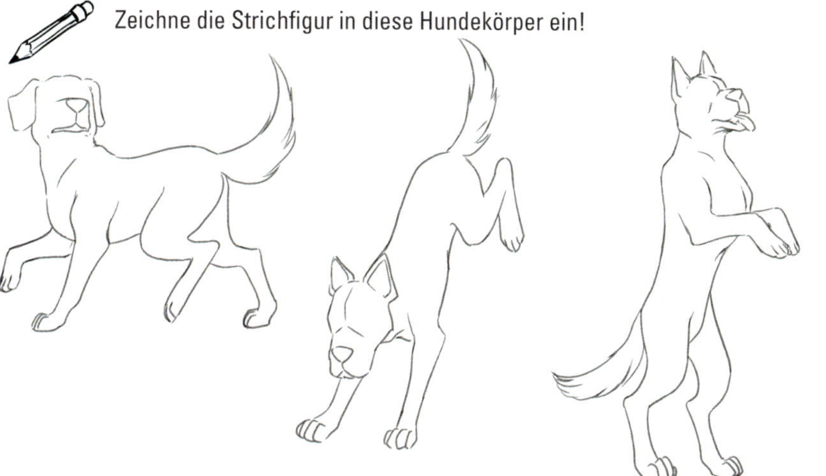

Und nun zeichne den Hundekörper um die Strichfigur! (Es muss nicht perfekt sein!)

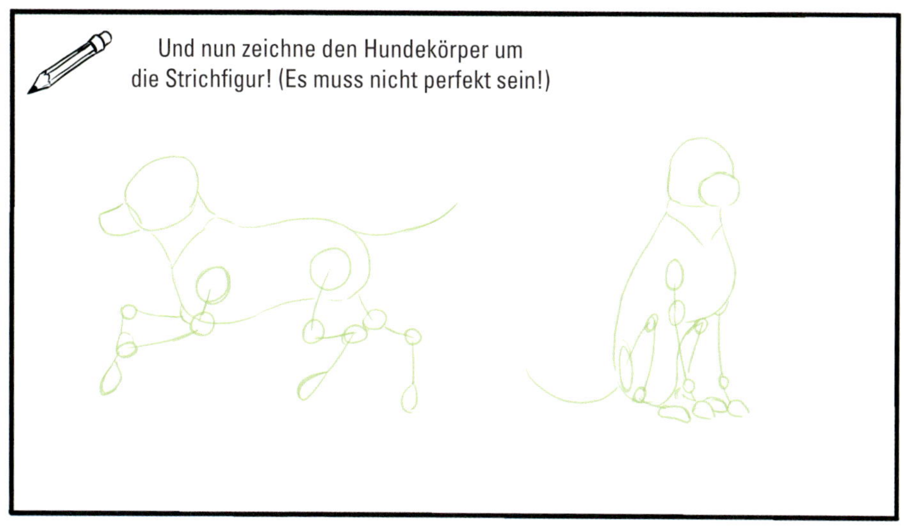

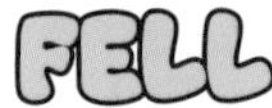

Jetzt sehen wir uns an, wie das Fell gezeichnet werden kann.

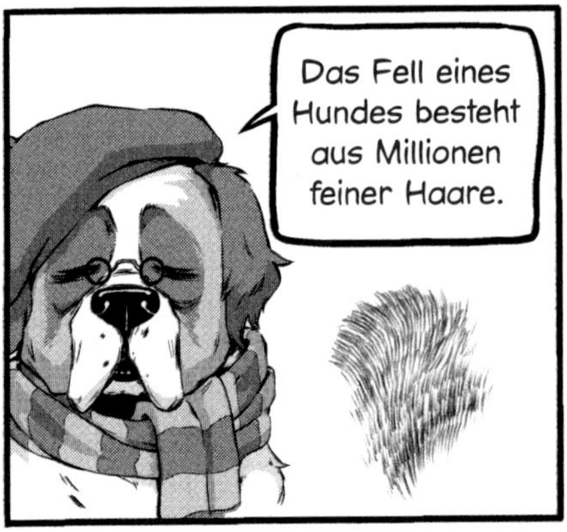

Das Fell eines Hundes besteht aus Millionen feiner Haare.

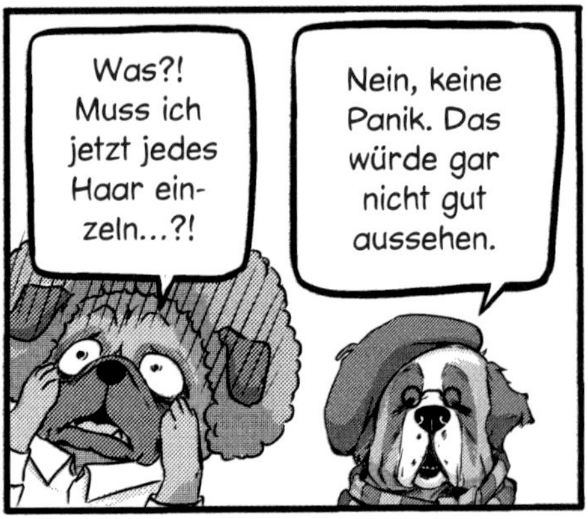

Was?! Muss ich jetzt jedes Haar einzeln...?!

Nein, keine Panik. Das würde gar nicht gut aussehen.

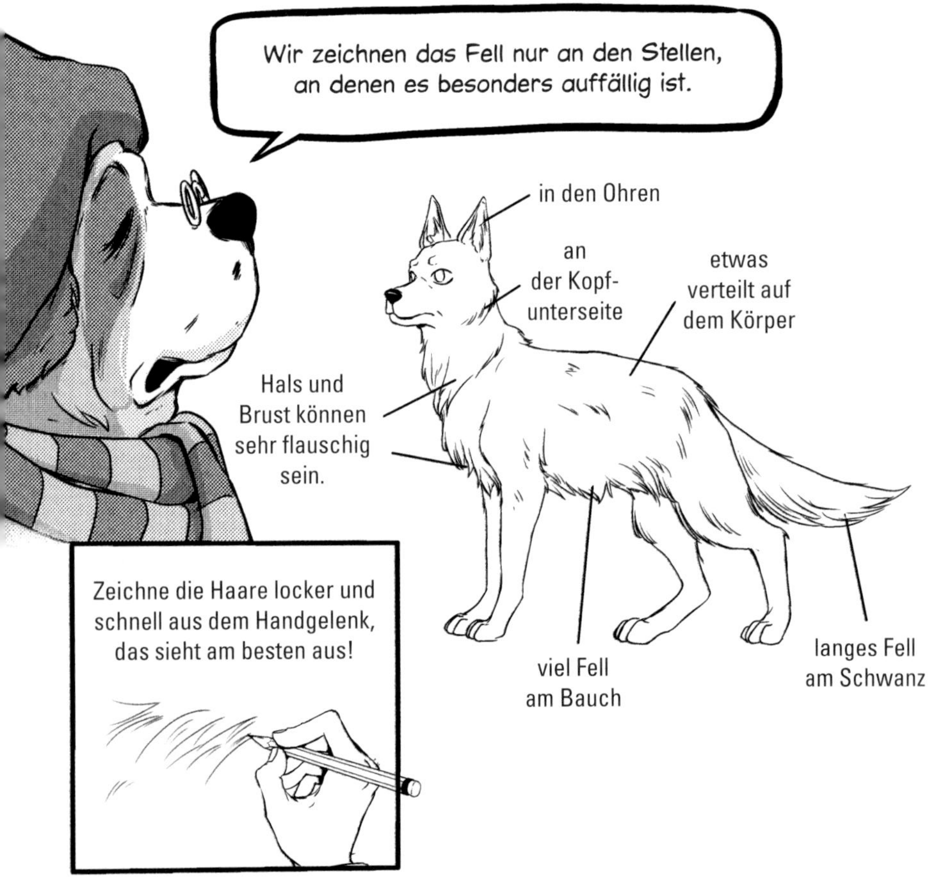

Wir zeichnen das Fell nur an den Stellen, an denen es besonders auffällig ist.

in den Ohren

an der Kopfunterseite

etwas verteilt auf dem Körper

Hals und Brust können sehr flauschig sein.

viel Fell am Bauch

langes Fell am Schwanz

Zeichne die Haare locker und schnell aus dem Handgelenk, das sieht am besten aus!

Das Fell sieht je nach Hunderasse sehr verschieden aus.

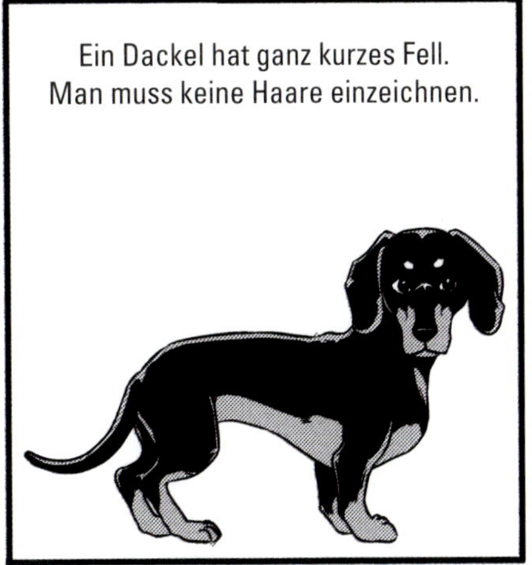

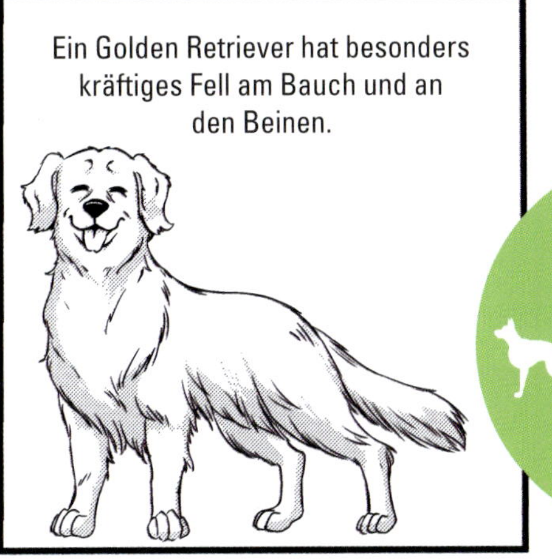

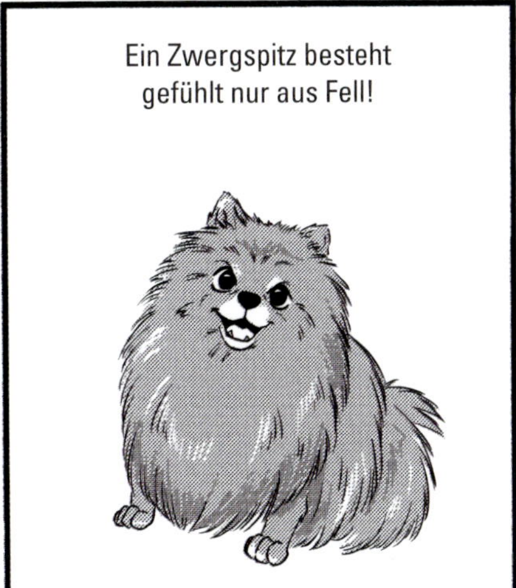

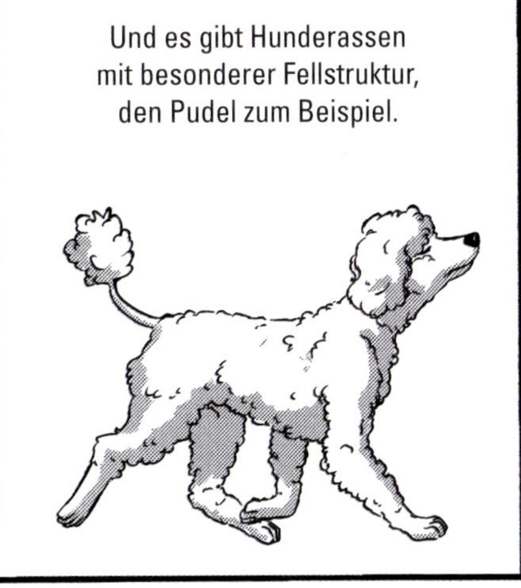

Zeichne erst den Körper vor und dann das Fell ein. So stellst du sicher, dass die Proportionen stimmen.

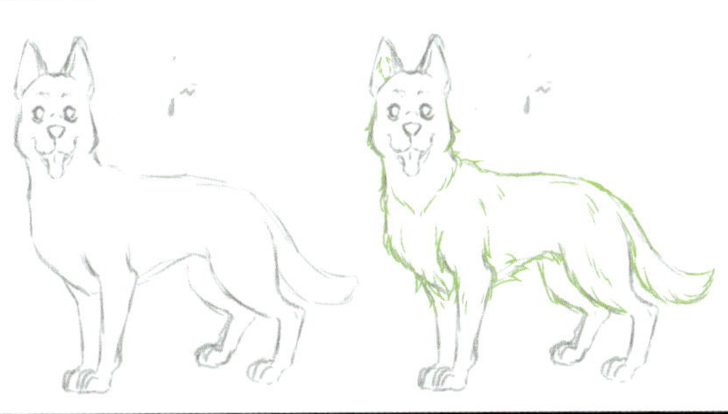

Übung

Nutze den Platz hier, um das Fellzeichnen zu üben … aber natürlich kannst du auch immer auf eigenem Papier weiterüben!

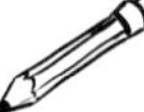

Zuerst kürzere Haare …

Dann längeres Haar …

Zuletzt lockiges Haar …

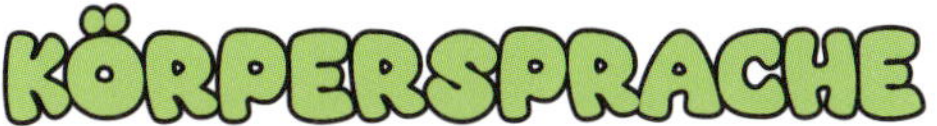

KÖRPERSPRACHE

Um deinem Superhund besonders viel Lebendigkeit zu geben, benutze seine Körpersprache.

Kannst du erkennen, wie die Hunde sich fühlen?

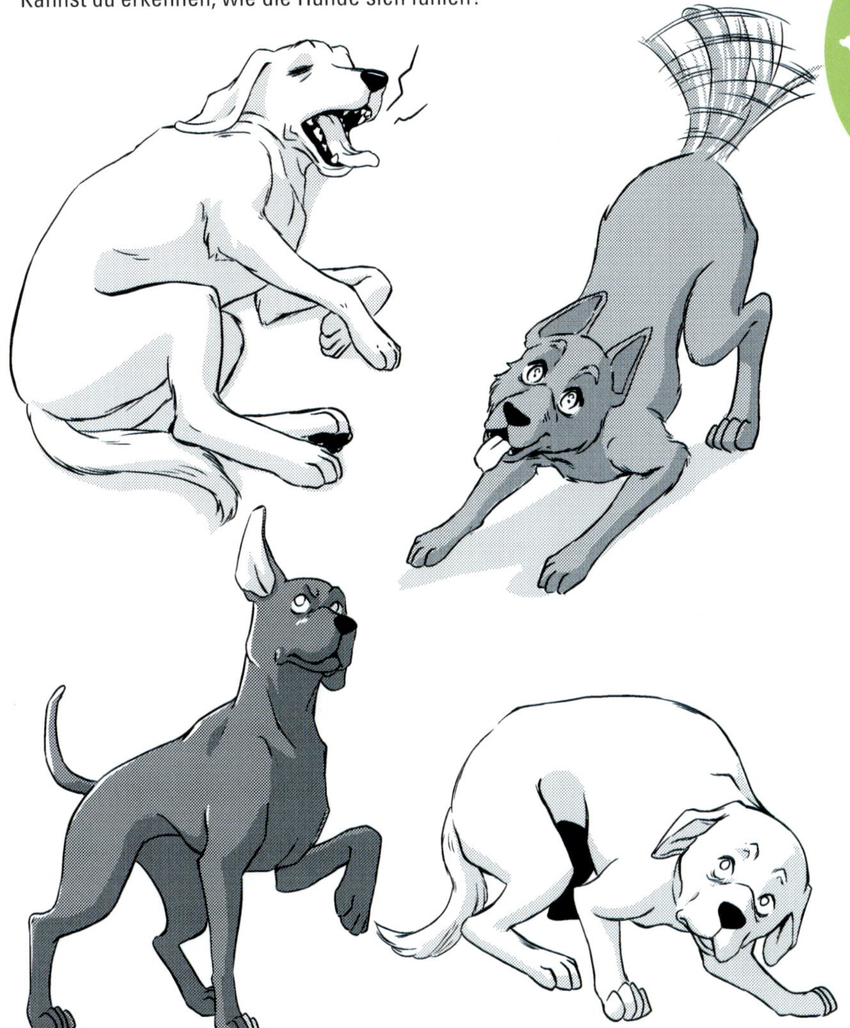

VON ECHTEN HUNDEN LERNEN

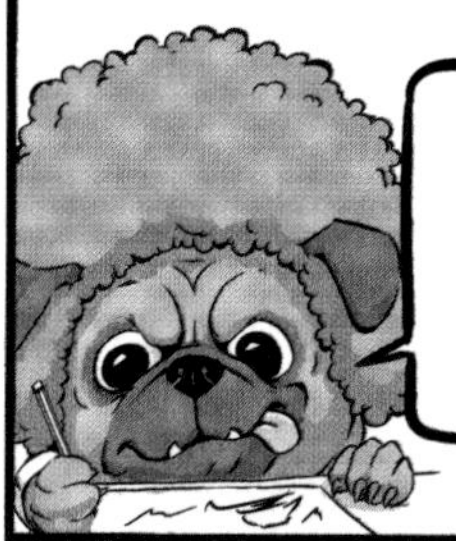

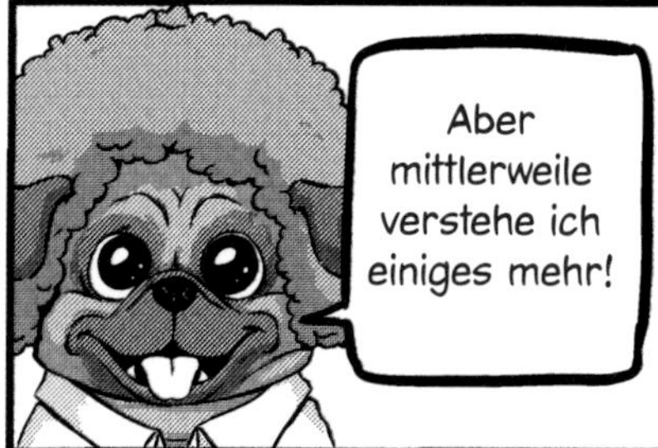

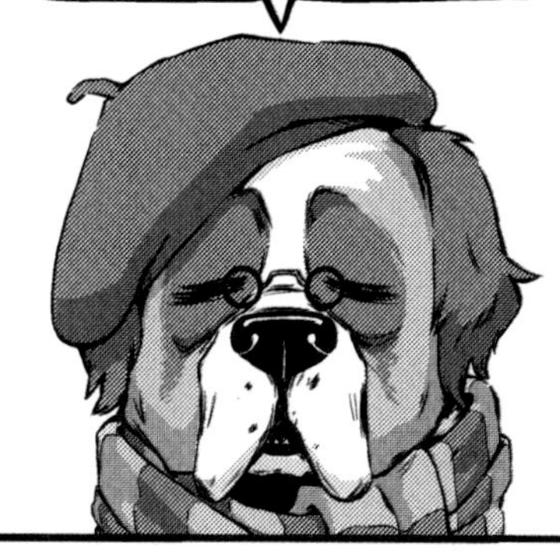

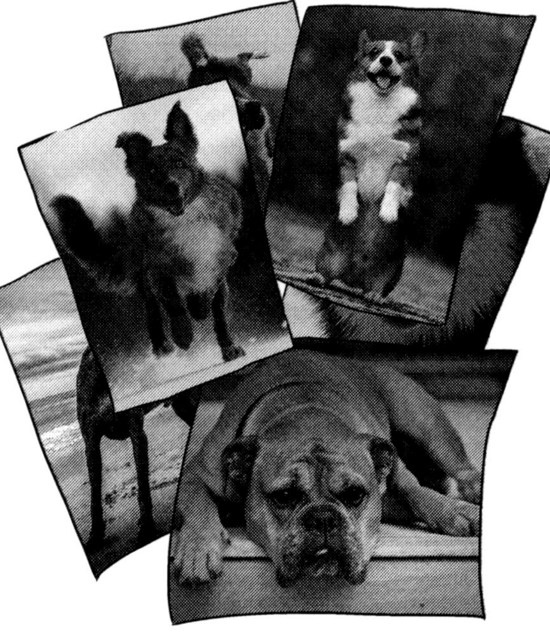

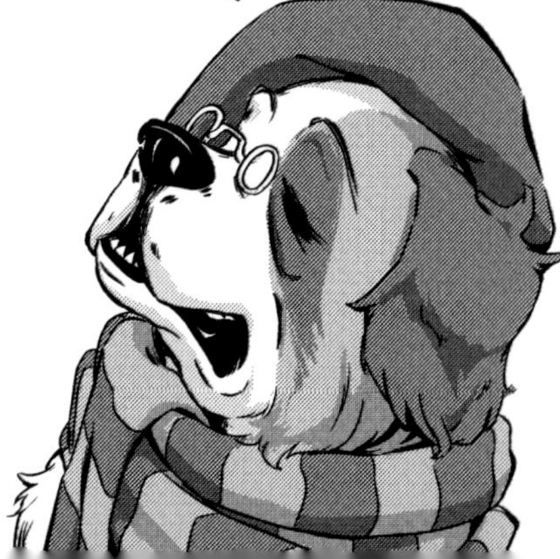

Übung

Markiere in dem Bild Kopf, Hals, Rumpf, Vorder- und Hinterbeine!

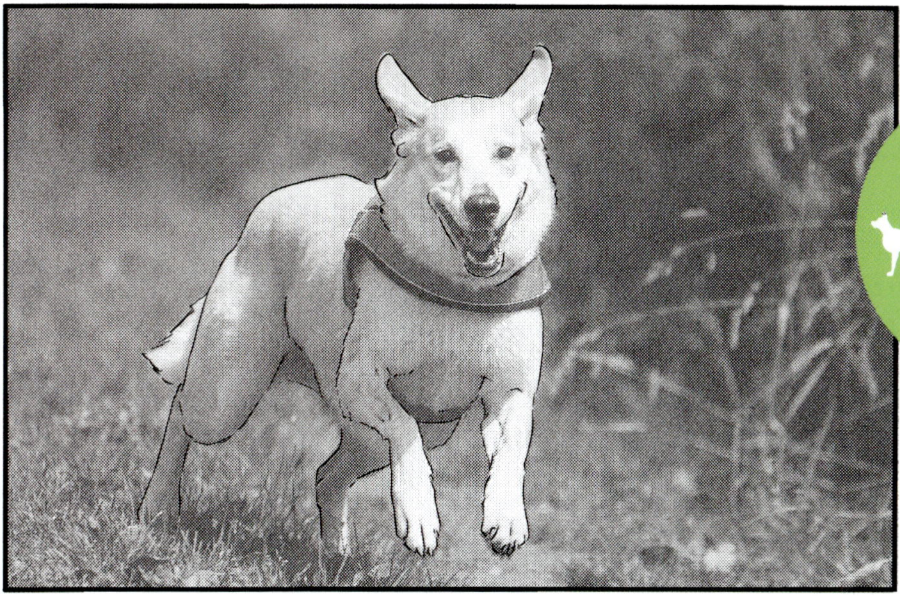

Und jetzt zeichne den Hund! 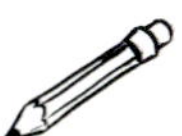

Übung

Wähle eine Hunderasse und eine Pose!

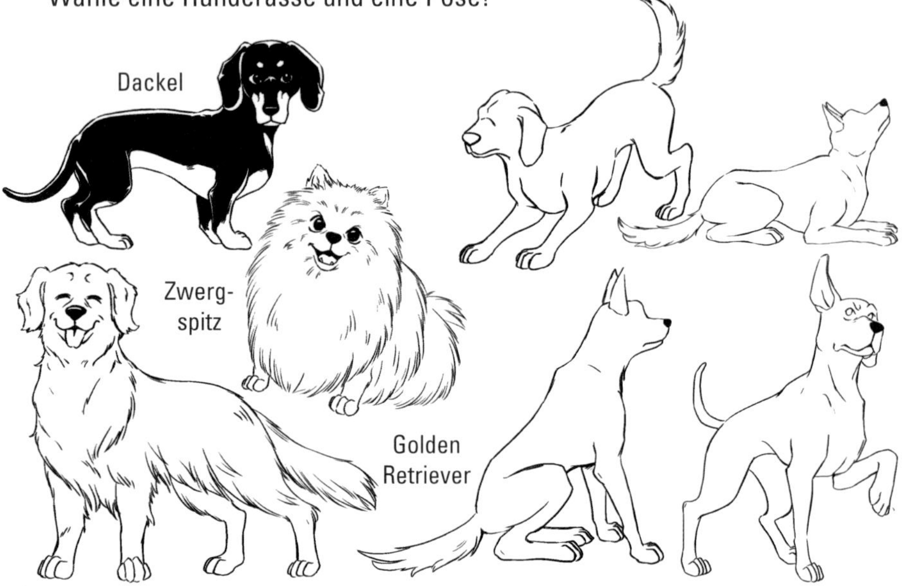

Dackel

Zwerg-
spitz

Golden
Retriever

Zeichne deine Kombination!

Kapitel 3

DER CHARAKTER

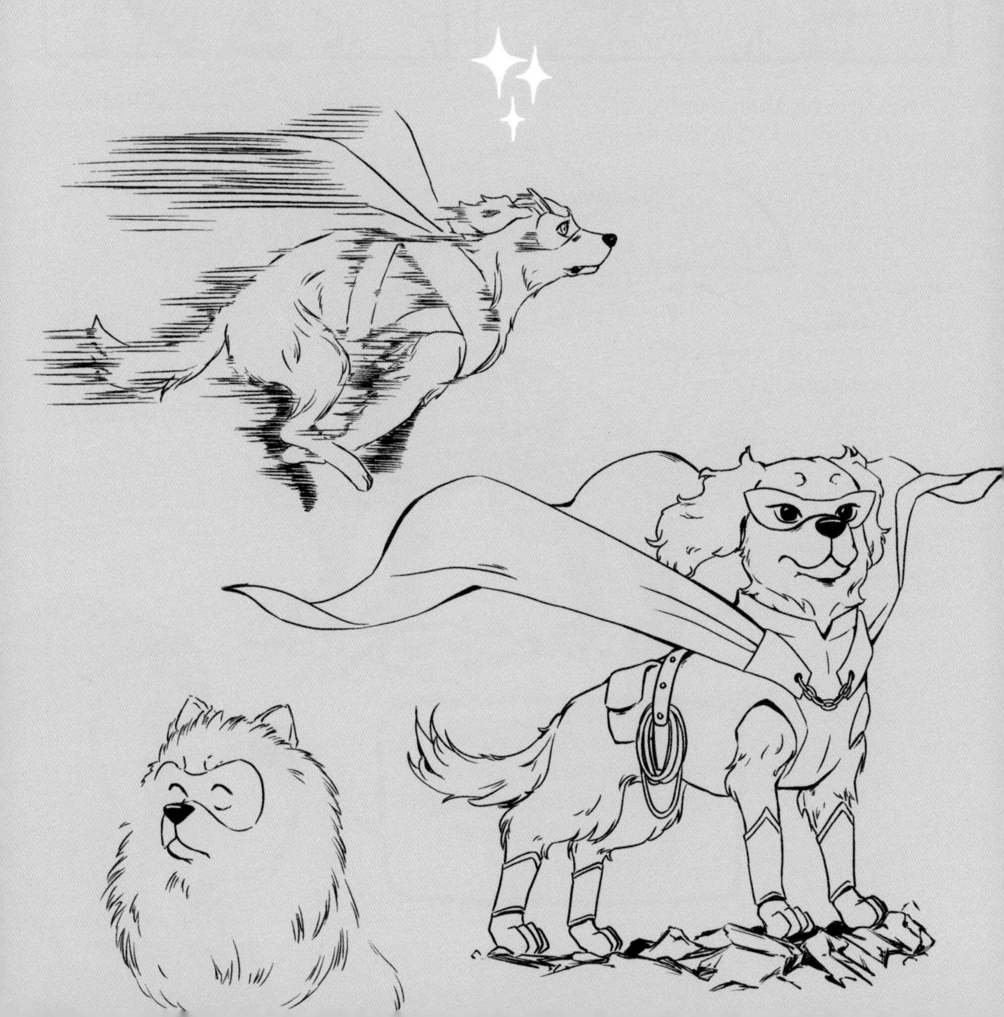

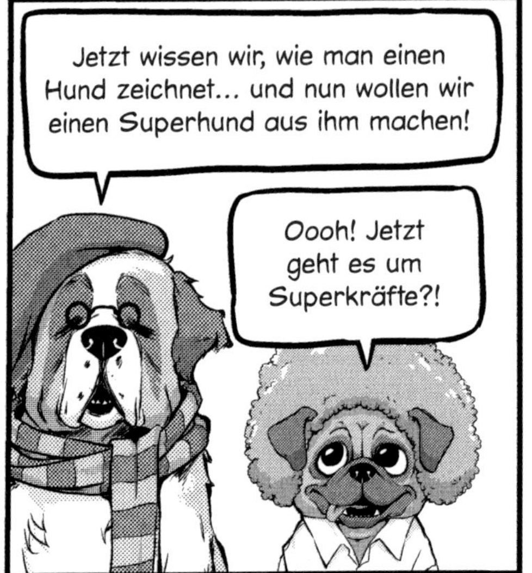

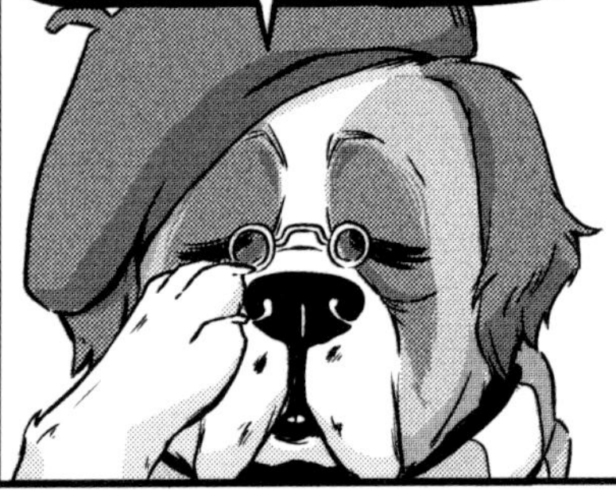

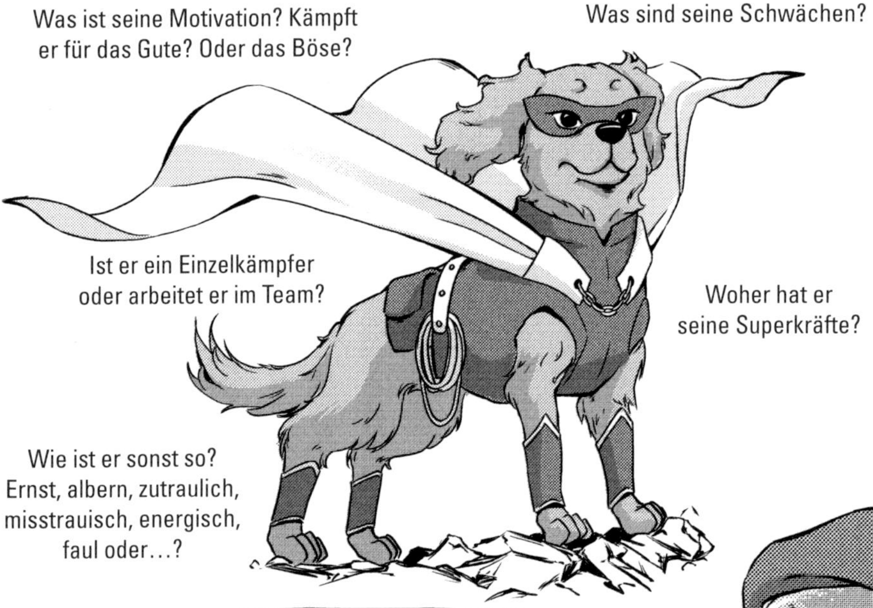

Was ist seine Motivation? Kämpft er für das Gute? Oder das Böse?

Was sind seine Schwächen?

Ist er ein Einzelkämpfer oder arbeitet er im Team?

Woher hat er seine Superkräfte?

Wie ist er sonst so? Ernst, albern, zutraulich, misstrauisch, energisch, faul oder…?

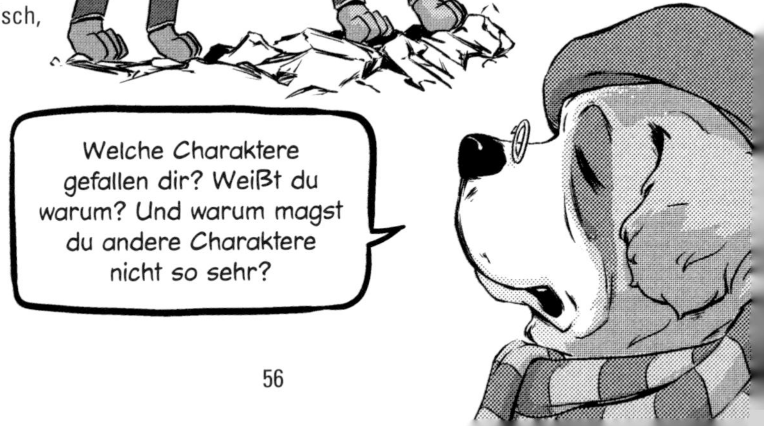

Welche Charaktere gefallen dir? Weißt du warum? Und warum magst du andere Charaktere nicht so sehr?

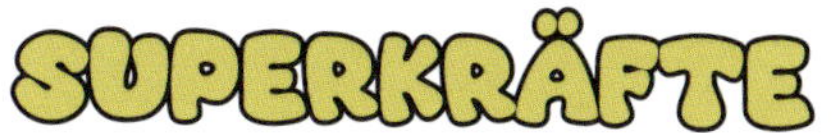

SUPERKRÄFTE

Eine Liste von Superkräften… Fallen dir noch mehr ein?

Superstärke

Gedankenlesen

Supergeschwindigkeit

Supergehör

Unverwundbarkeit

Flugfähigkeit

Zeitreisen

Supergeruchssinn

Gummikraft

Laseraugen

Unterwasseratmung

Unsichtbarkeit

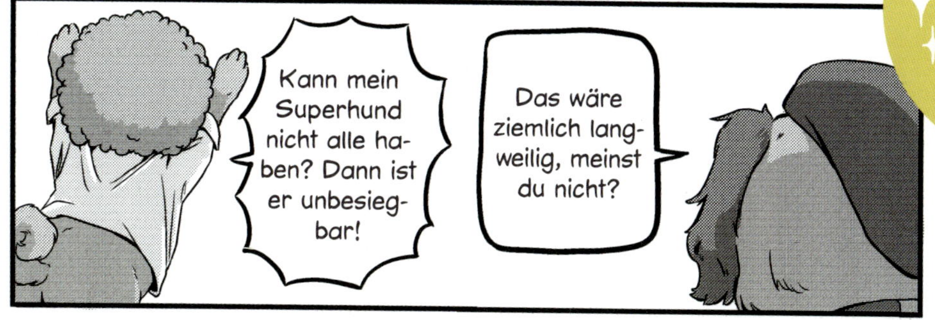

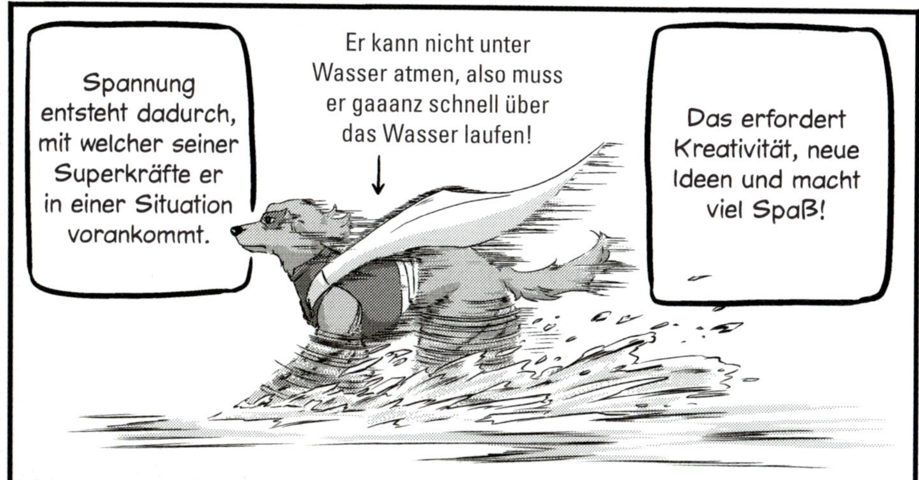

Zum Beispiel so:

Wenn keine Pfote
den Boden berührt,
fliegt der Hund.

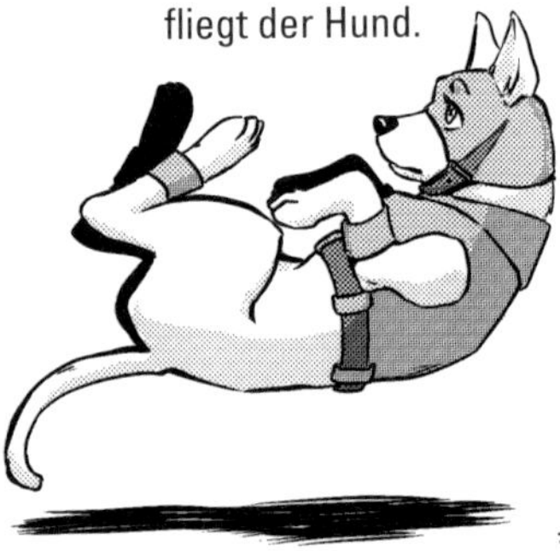

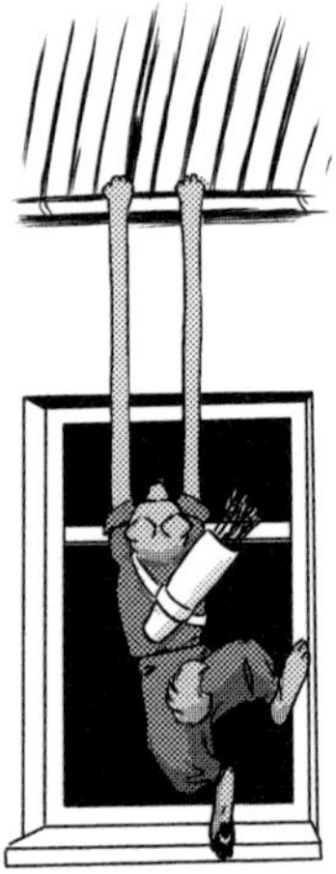

Ein Hund,
dem Feuer nichts
anhaben kann,
bewegt sich ganz
normal weiter.

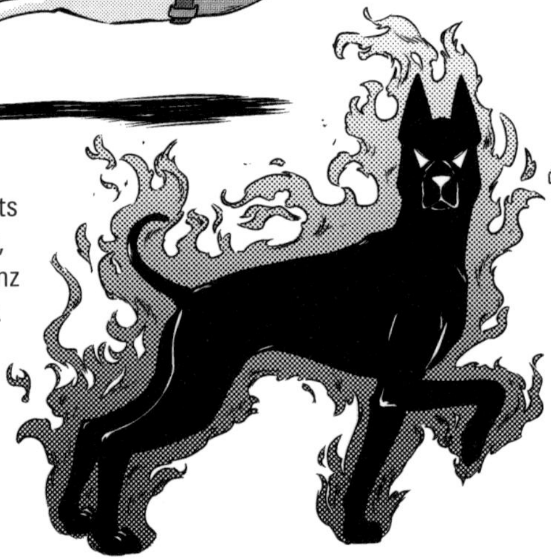

Gummipfoten
können seeehr
lang werden.

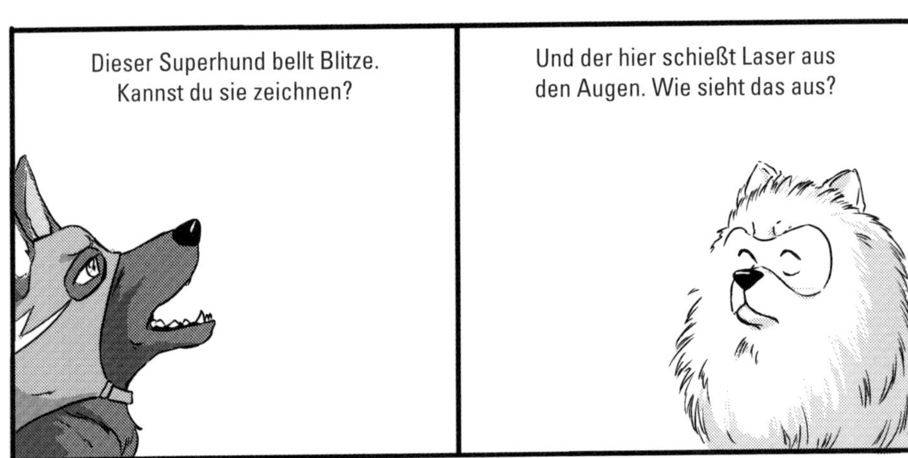

SPEEDLINES

Speedlines werden verwendet,
um etwas Schnelles und Dynamisches zu zeigen.

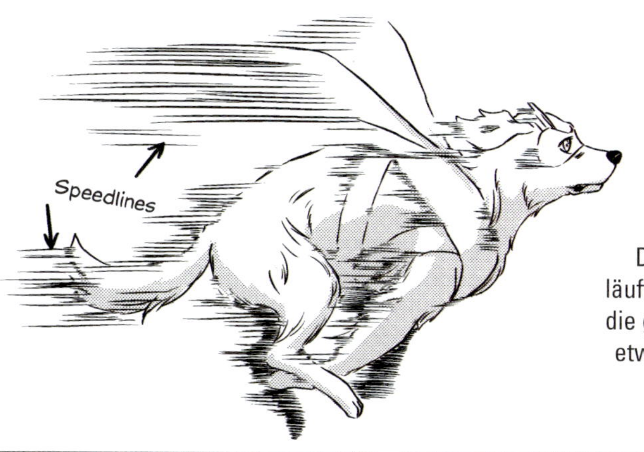

Der Superhund läuft so schnell, dass die ganze Bewegung etwas verschwommen wirkt.

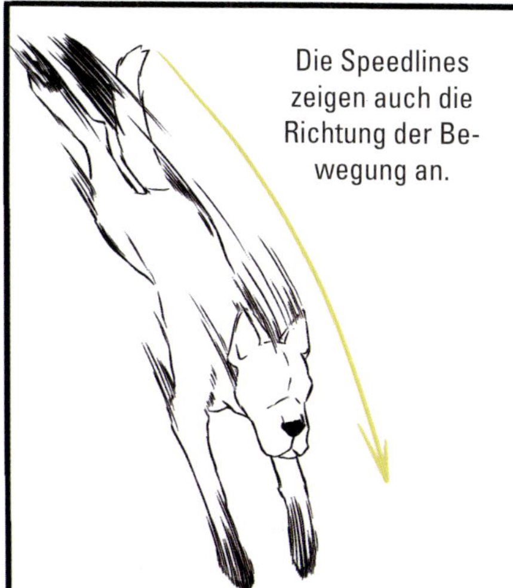

Die Speedlines zeigen auch die Richtung der Bewegung an.

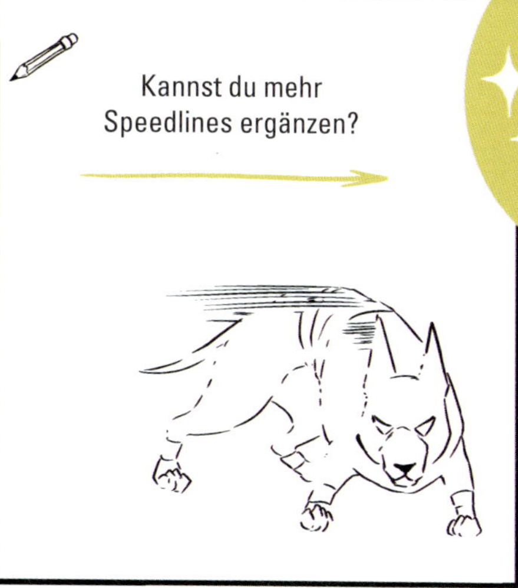

Kannst du mehr Speedlines ergänzen?

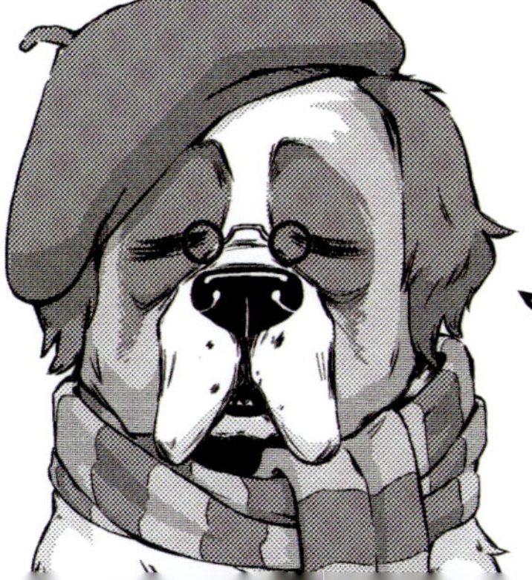

Viele der Superkräfte zeigen sich erst durch die Handlung. Ist ein Superhund superstark, kannst du das zeigen, indem er ein Auto hochhebt.

SCHWÄCHEN

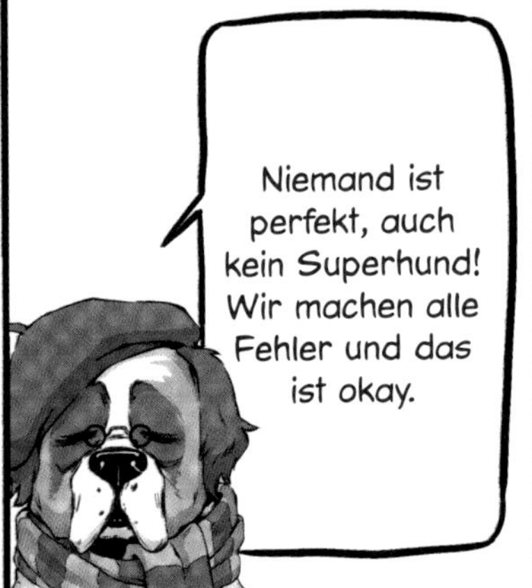
Niemand ist perfekt, auch kein Superhund! Wir machen alle Fehler und das ist okay.

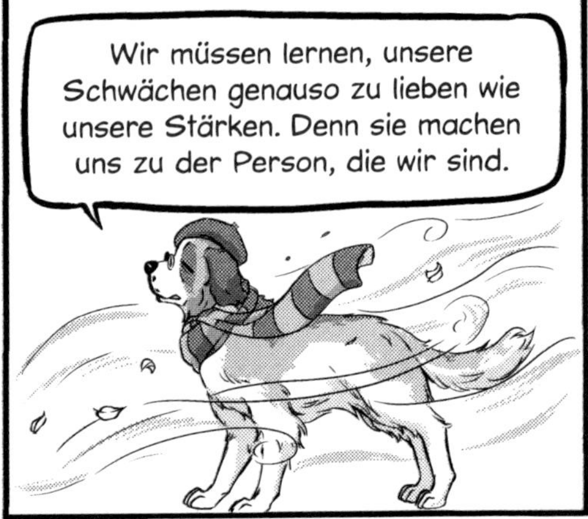
Wir müssen lernen, unsere Schwächen genauso zu lieben wie unsere Stärken. Denn sie machen uns zu der Person, die wir sind.

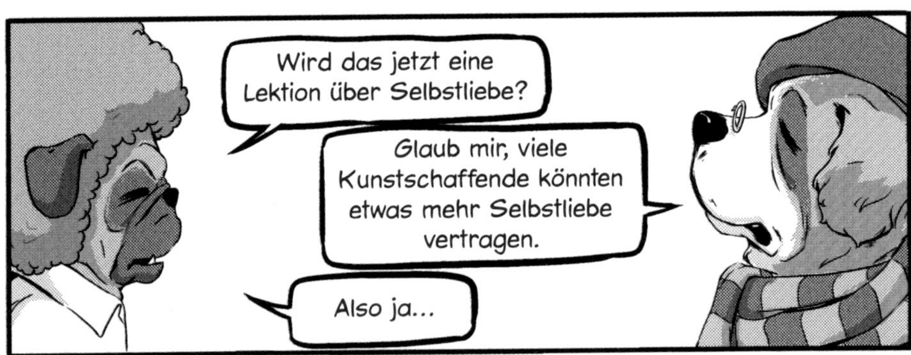
Wird das jetzt eine Lektion über Selbstliebe?
Glaub mir, viele Kunstschaffende könnten etwas mehr Selbstliebe vertragen.
Also ja...

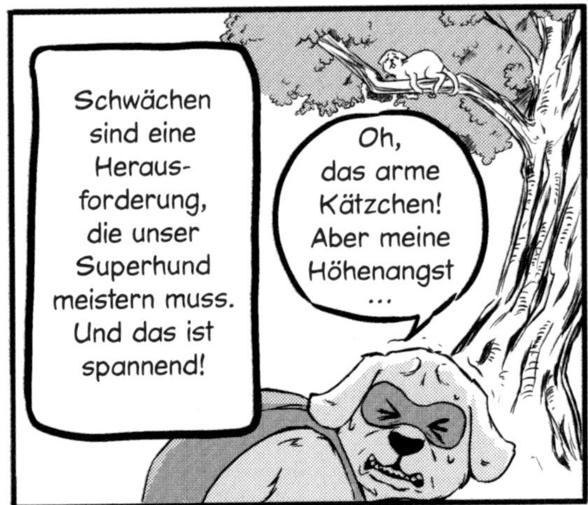
Schwächen sind eine Heraus-forderung, die unser Superhund meistern muss. Und das ist spannend!
Oh, das arme Kätzchen! Aber meine Höhenangst ...

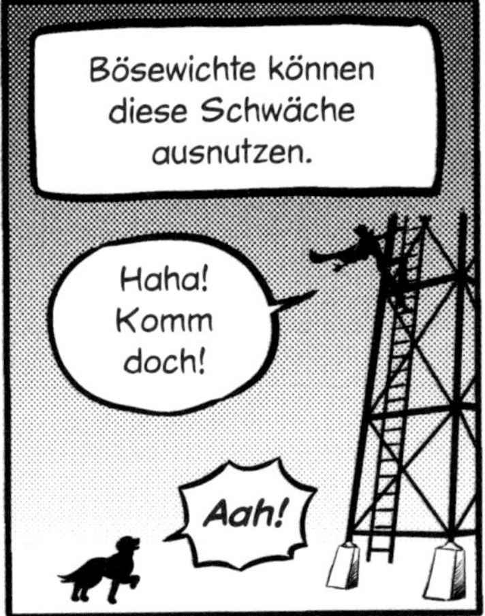
Bösewichte können diese Schwäche ausnutzen.
Haha! Komm doch!
Aah!

Ohne Schwächen keine spannende Geschichte. Wie Akira Toriyama, der Zeichner von Dragon Ball, so schön sagte…

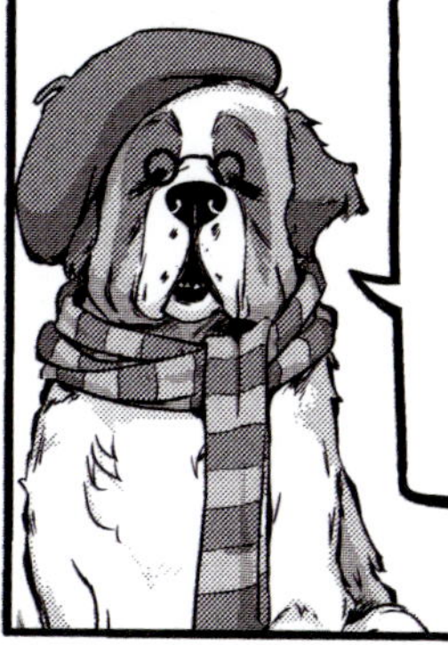

»Wenn jemand Schwächen hat, ist es noch viel schöner, wenn er gewinnt!!!«

Mögliche Schwächen sind:

Höhenangst

Lichtempfindlichkeit

Flunkern

Faulheit

Perfektionismus

Riesenhunger

Modebesessenheit

Naivität

Fallen dir noch mehr Schwächen ein?

Mit Stärken und Schwächen hast du eine gute Grundlage für einen interessanten Superhund!

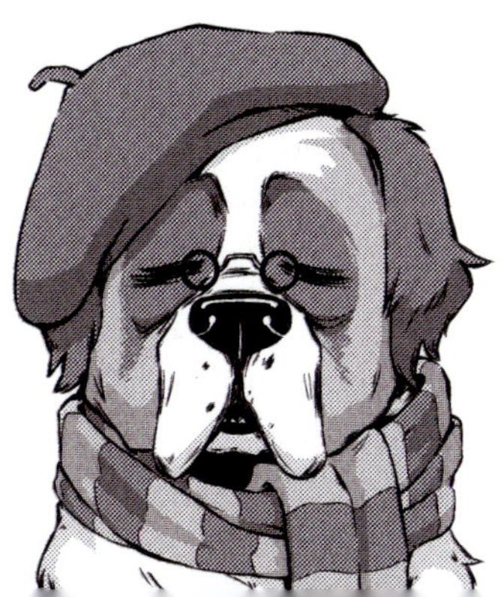

HINTERGRUND DES CHARACTERS

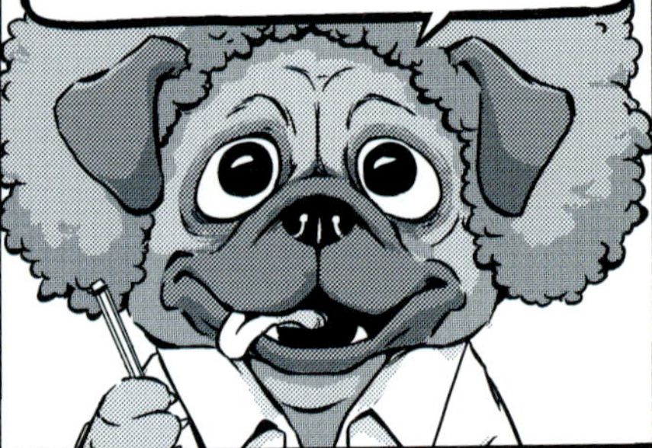

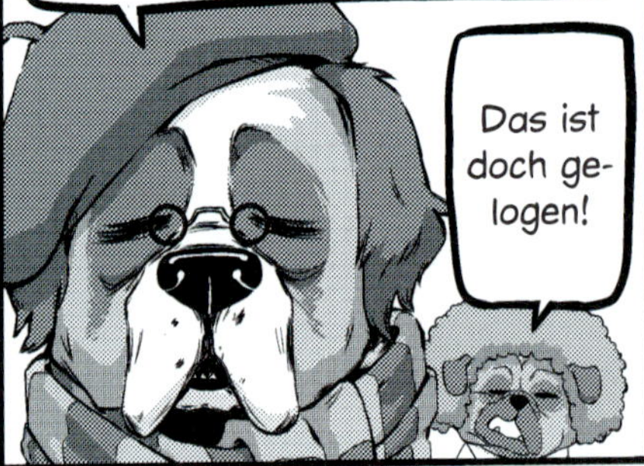

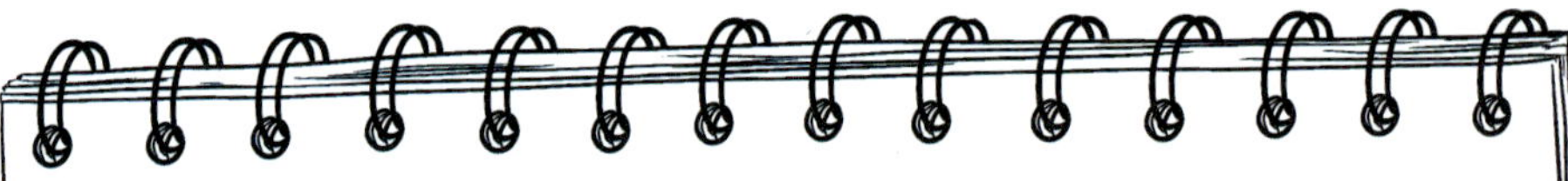

Stelle dir folgende Fragen:

Woher kommen die Superkräfte?
Welche Stärken und Schwächen gibt es?
Was will der Superhund erreichen?
Was ist dem Superhund wichtig?
Wofür interessiert er sich? Hat er Hobbys?
Wie ist sein Umgang mit anderen?
Was kann für ihn eine große Herausforderung sein?

Wenn du diese Fragen beantwortest, hast du dem Charakter deines Superhundes schon ziemlich viel Tiefe gegeben.

ZIELE & MOTIVATION

Was möchte der Character erreichen?	Warum möchte er das erreichen?

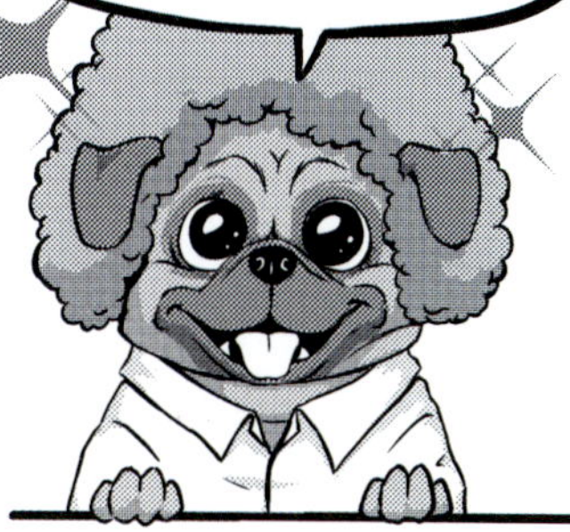

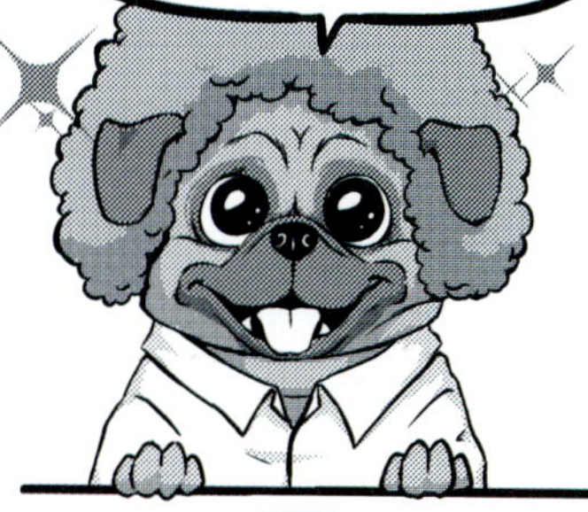

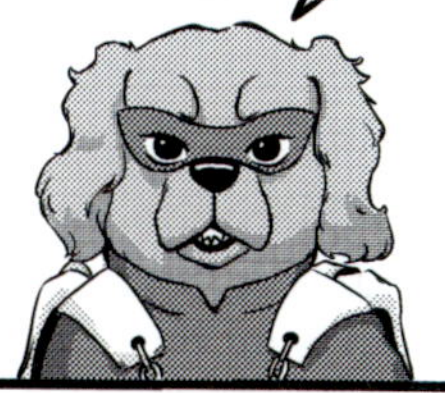

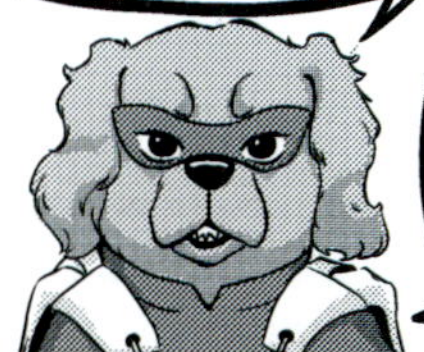

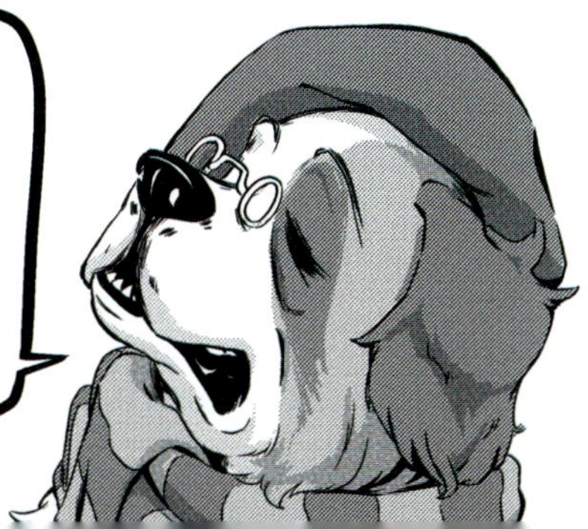

Du bist dran!

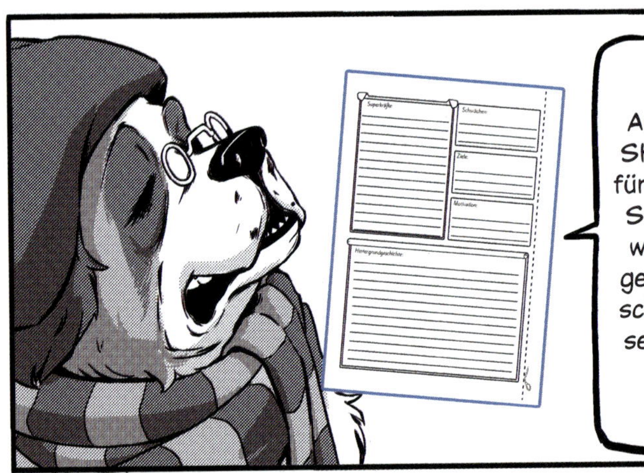

Hier sind noch ein paar Beispiele,
die dir vielleicht weiterhelfen können.

Ziele

Die Welt retten
Jemanden besiegen
Jemanden finden
Der/die Beste sein
Berühmt sein

Motivation

Sicherheit
Rache
Einsamkeit
Sich beweisen
Vorbild sein

Mag…

klassische Musik
Sonnenwetter
Katzen
Würstchen
Spaziergänge

Mag nicht…

Popmusik
Regenwetter
Andere Hunde
Schokolade
Autos

Kapitel 4

KOSTÜME

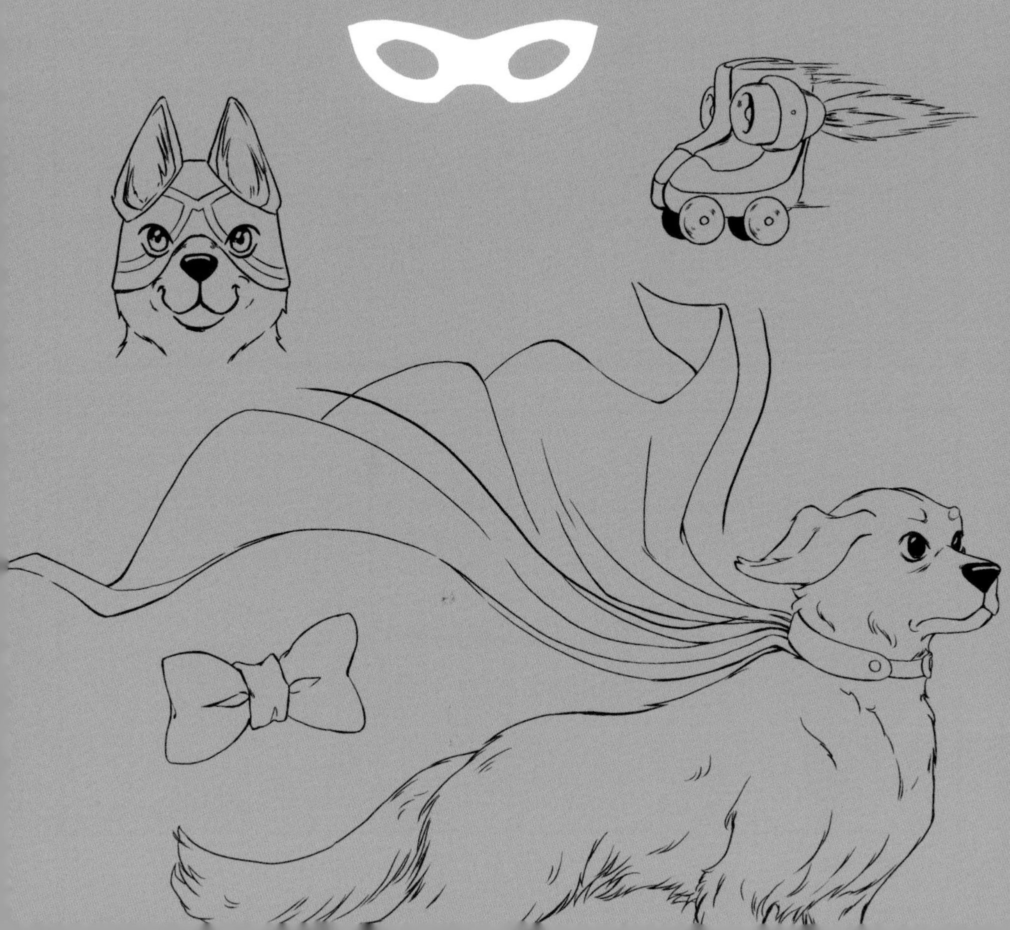

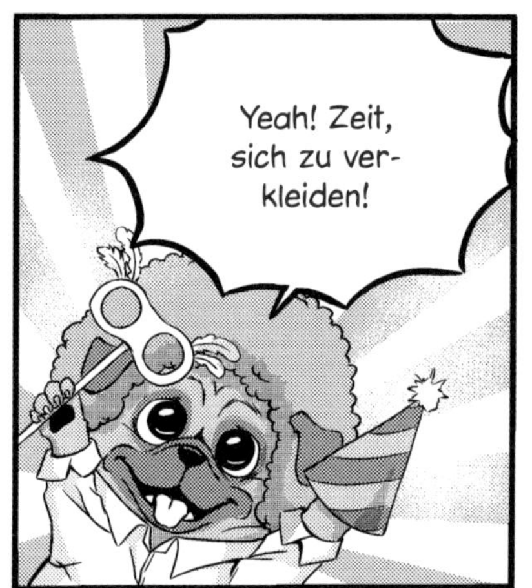
Yeah! Zeit, sich zu ver-kleiden!

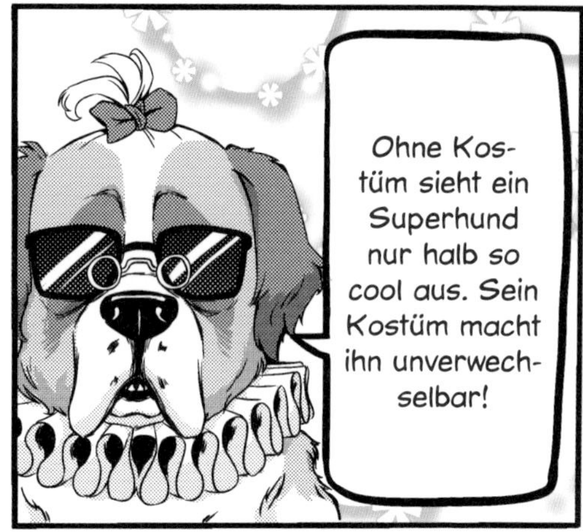
Ohne Kos-tüm sieht ein Superhund nur halb so cool aus. Sein Kostüm macht ihn unverwech-selbar!

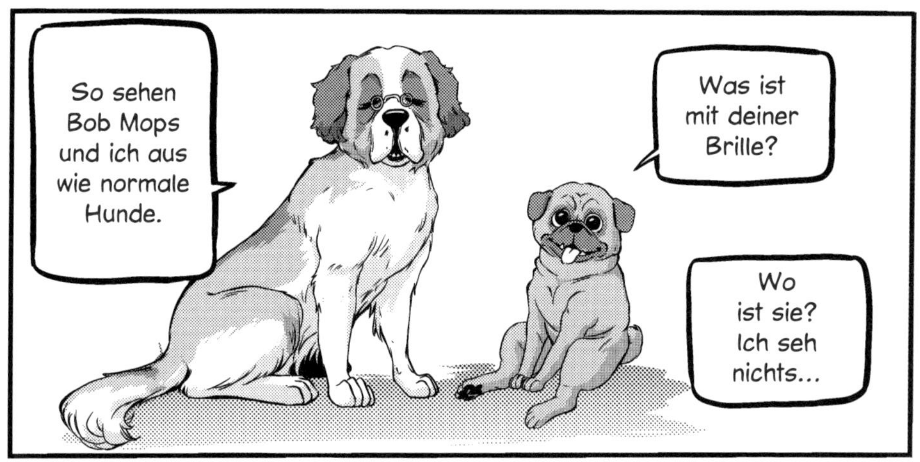
So sehen Bob Mops und ich aus wie normale Hunde.
Was ist mit deiner Brille?
Wo ist sie? Ich seh nichts...

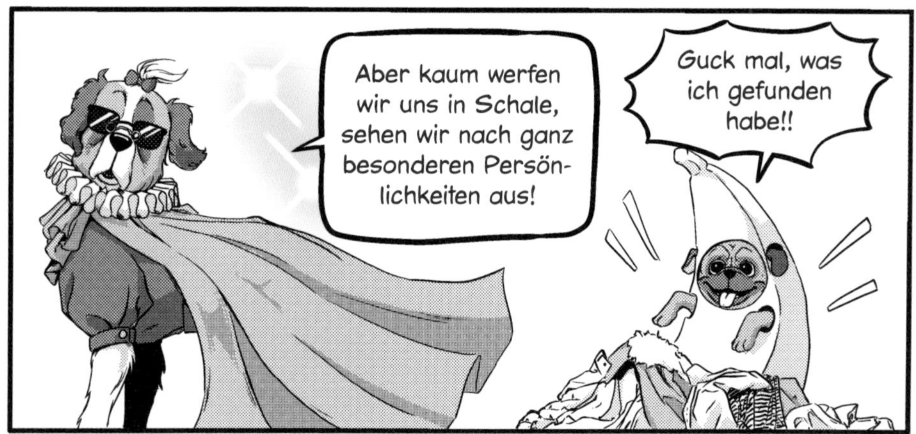
Aber kaum werfen wir uns in Schale, sehen wir nach ganz besonderen Persön-lichkeiten aus!
Guck mal, was ich gefunden habe!!

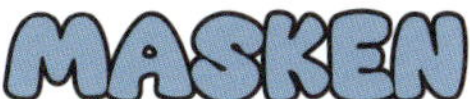

MASKEN

Eine Kostümierung dient auch dazu, von den Bösewichten nicht erkannt zu werden. Eine Maske ist dafür unersetzlich.

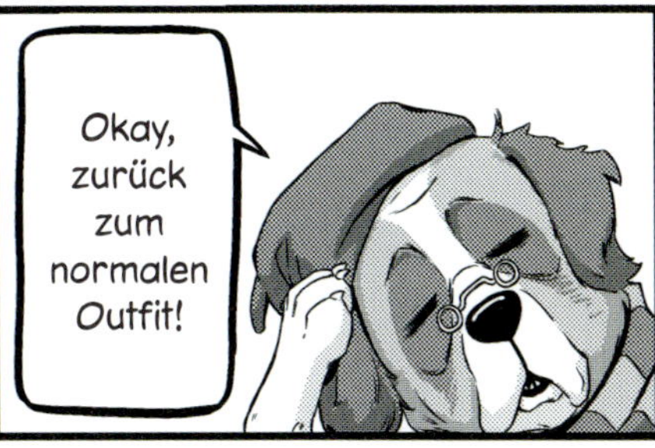

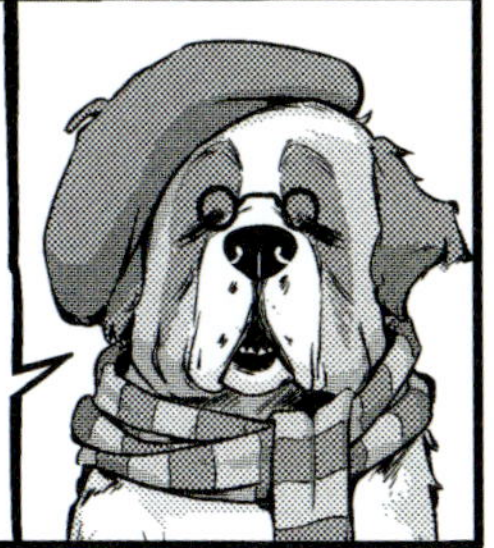

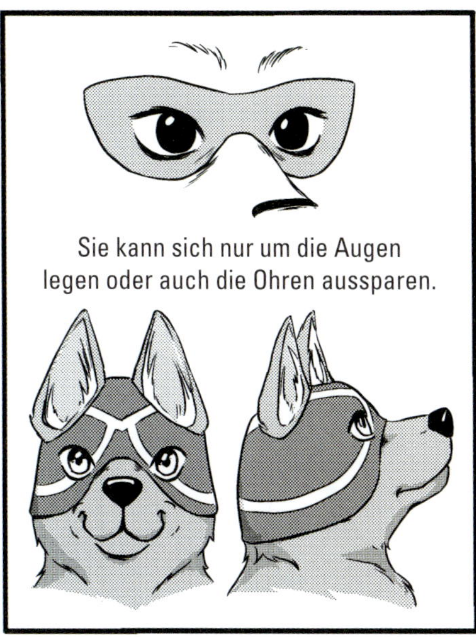

Sie kann sich nur um die Augen legen oder auch die Ohren aussparen.

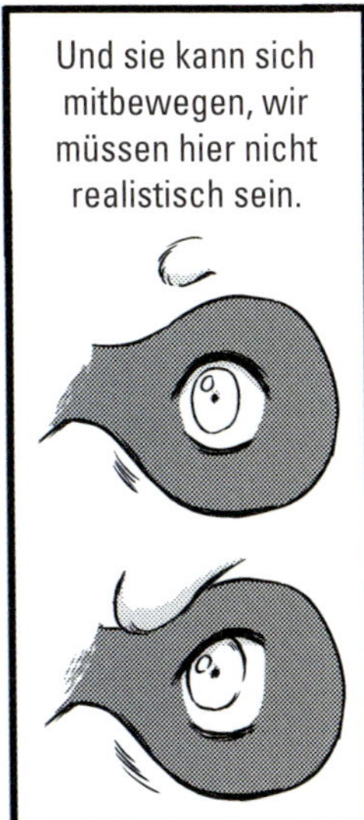

Und sie kann sich mitbewegen, wir müssen hier nicht realistisch sein.

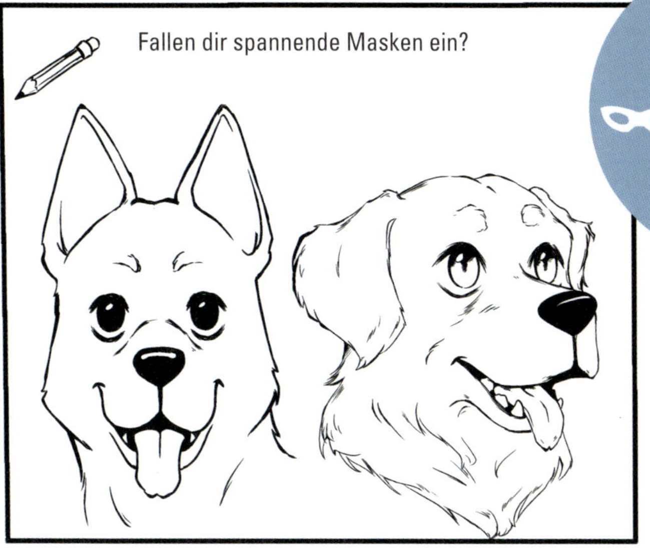

Fallen dir spannende Masken ein?

KLEIDUNG

Bei der Frage nach der Kleidung sind keine Grenzen gesetzt, sie kann sehr aufwendig sein oder auch ganz schlicht.

Auf jeden Fall muss das Kostüm zum Helden oder zur Heldin passen.

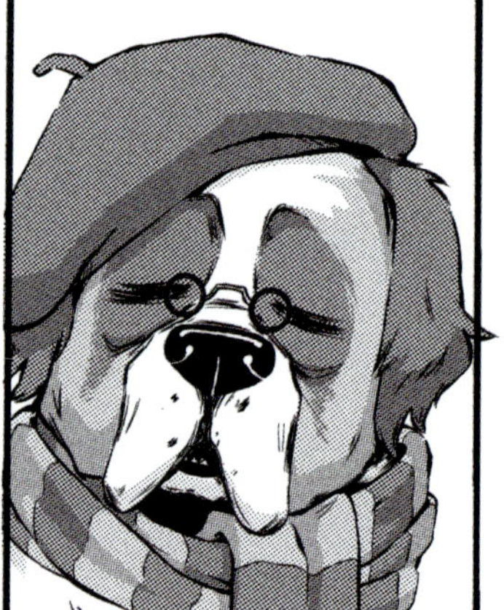

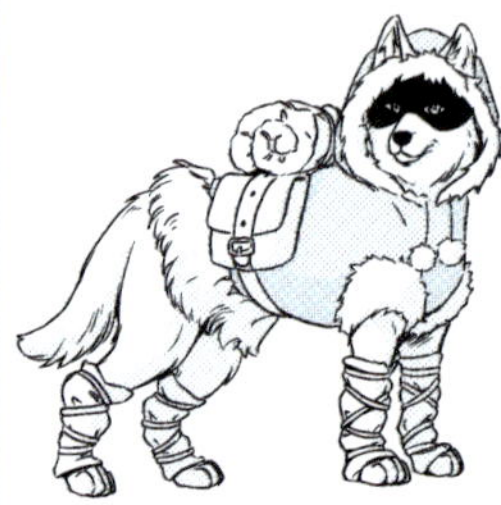

Ein Husky mit Eiskräften trägt vielleicht ein wärmendes Kostüm in den Farben Blau und Weiß.

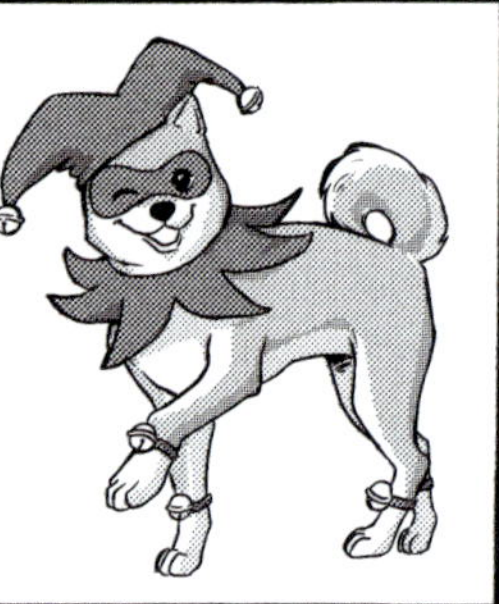

Während ein Shiba Inu, der den Bösewichten gern Streiche spielt, sich wie ein Narr verkleiden könnte.

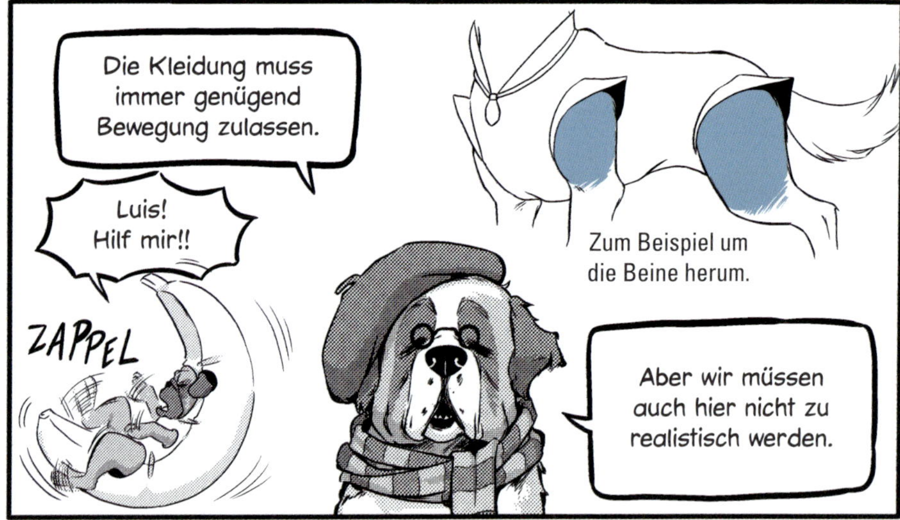

Zeichne erst den Körper vor und zeichne dann die Kleidung ein.

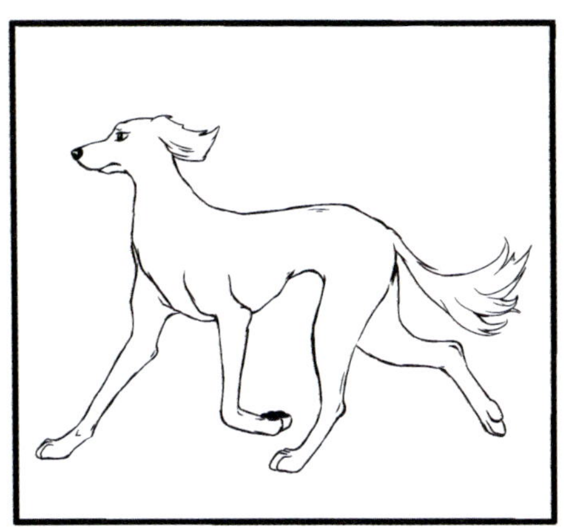

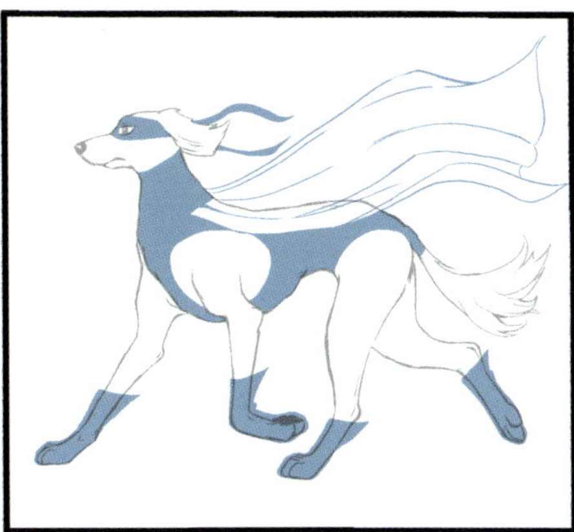

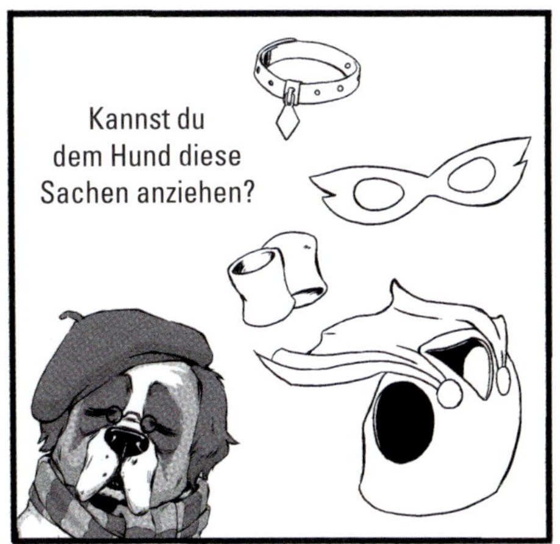

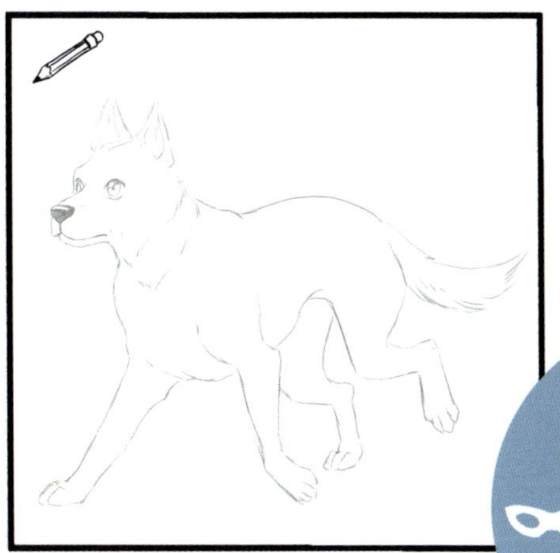

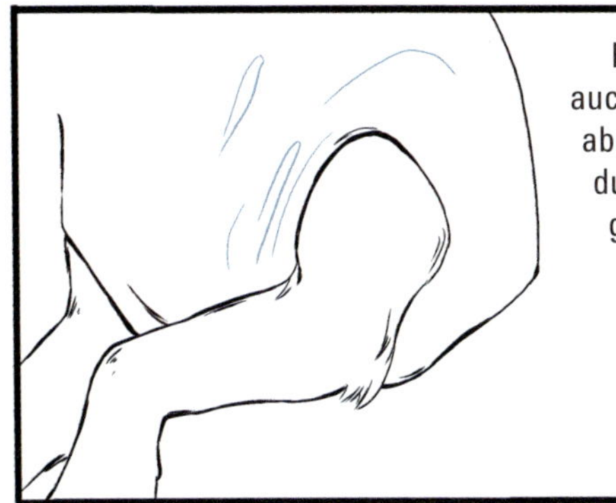

Es bilden sich auch Körperfalten – aber darauf musst du noch nicht so genau achten.

UMHÄNGE

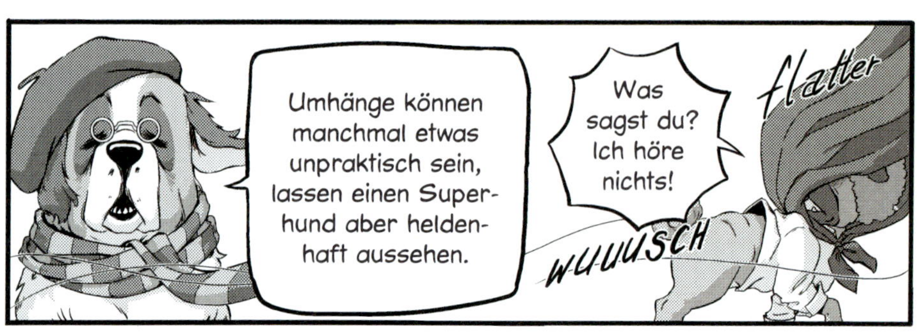

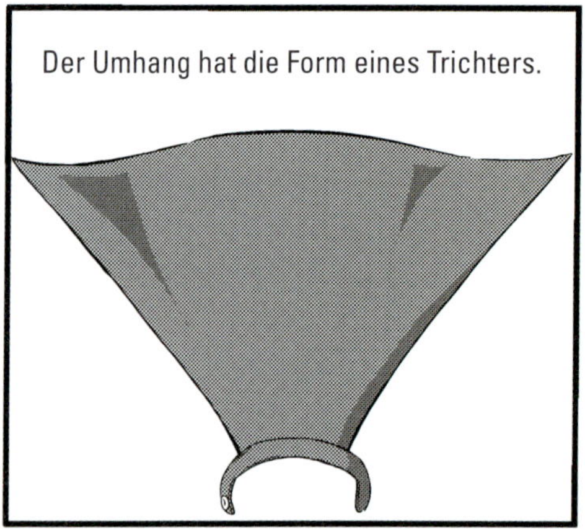

Der Umhang hat die Form eines Trichters.

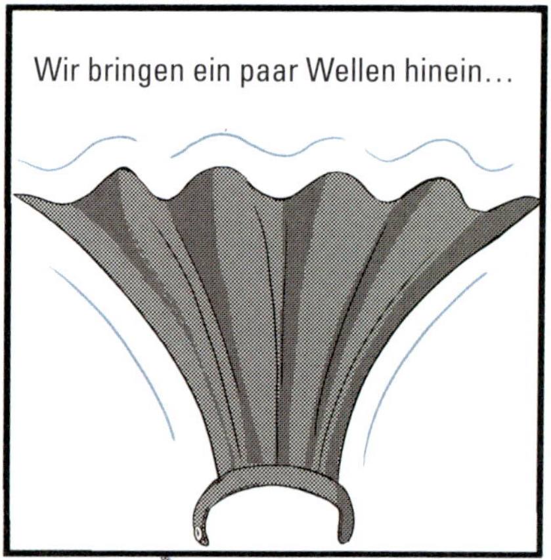

Wir bringen ein paar Wellen hinein…

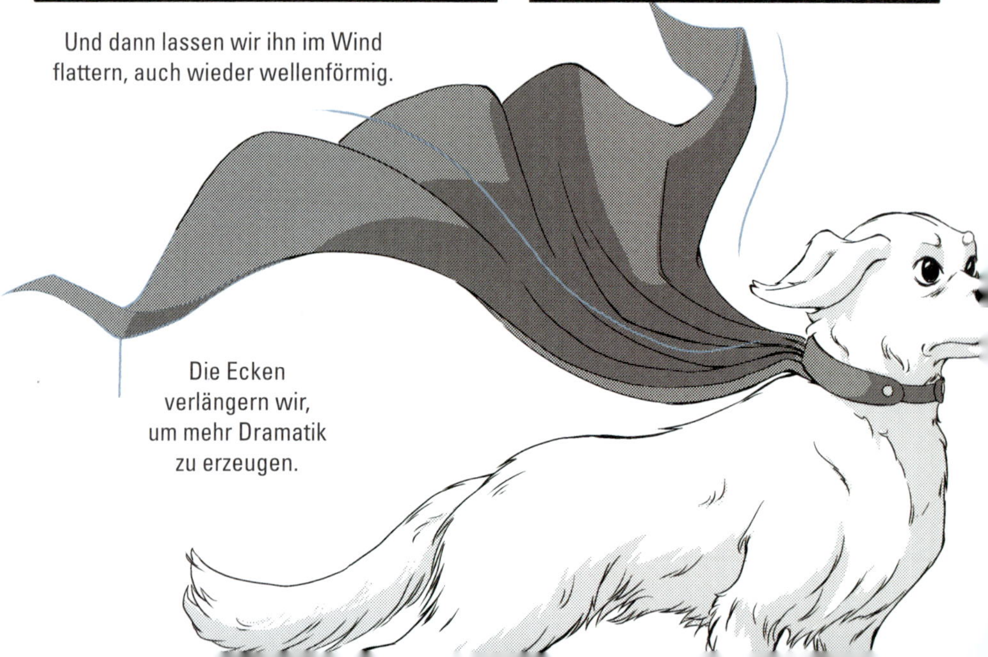

Und dann lassen wir ihn im Wind flattern, auch wieder wellenförmig.

Die Ecken verlängern wir, um mehr Dramatik zu erzeugen.

STOFFE & FALTEN

Stoffe haben eine Vorder- und eine Rückseite. Wenn wir das beachten, können wir ziemlich coole Umhänge zeichnen.

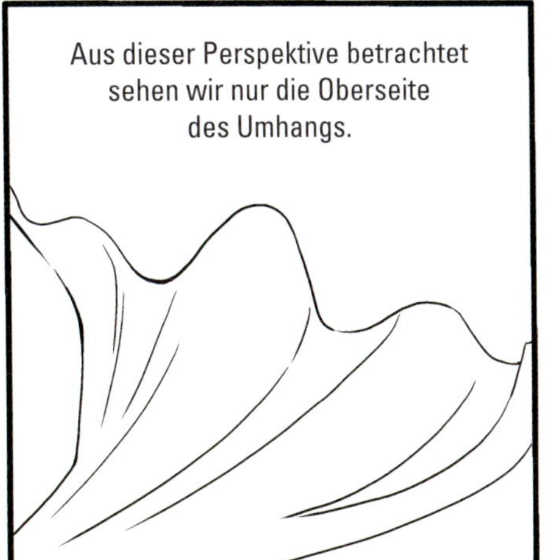

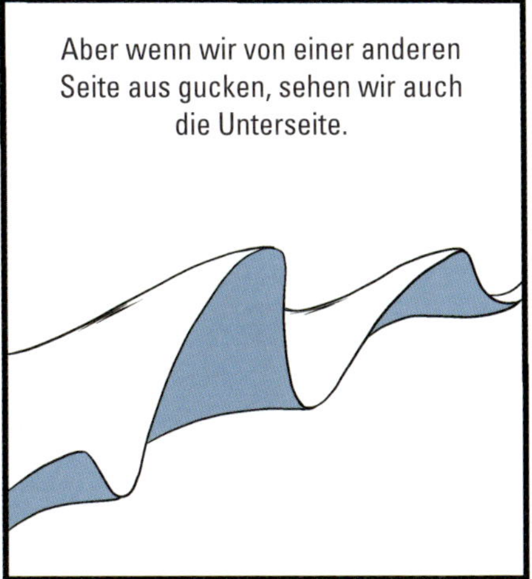

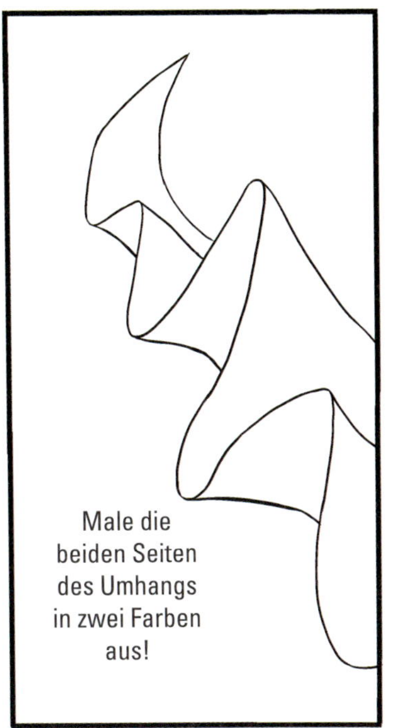

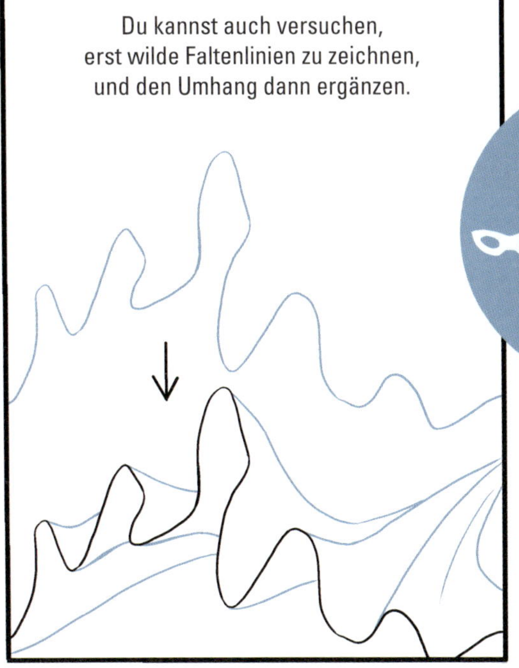

UMHÄNGE & BEWEGUNG

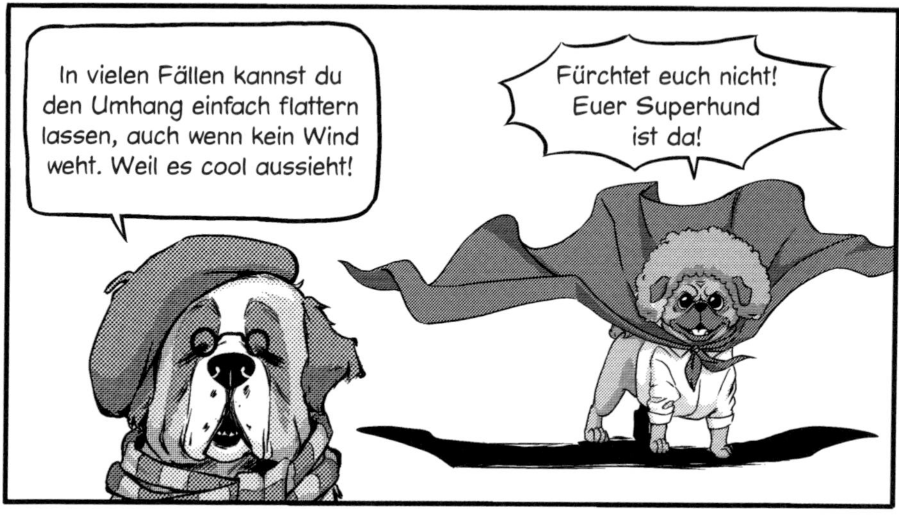

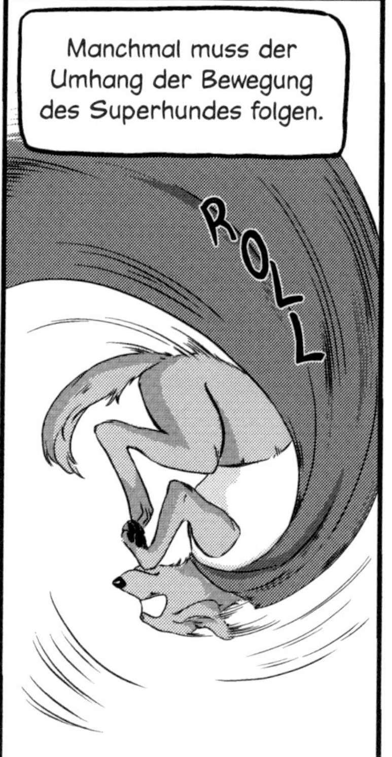

Und dann wieder nur still liegen. So kann er auch als Decke benutzt werden.

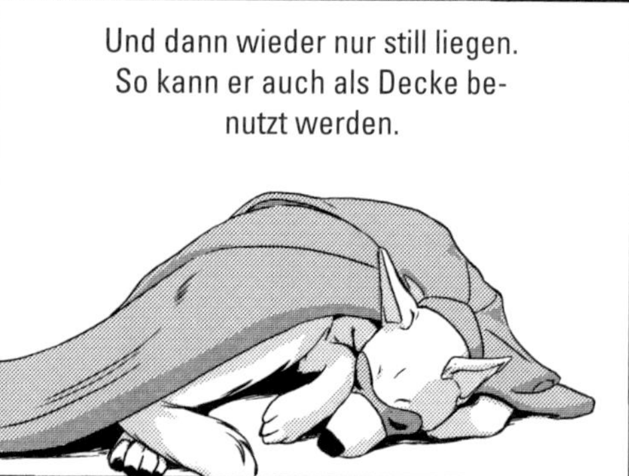

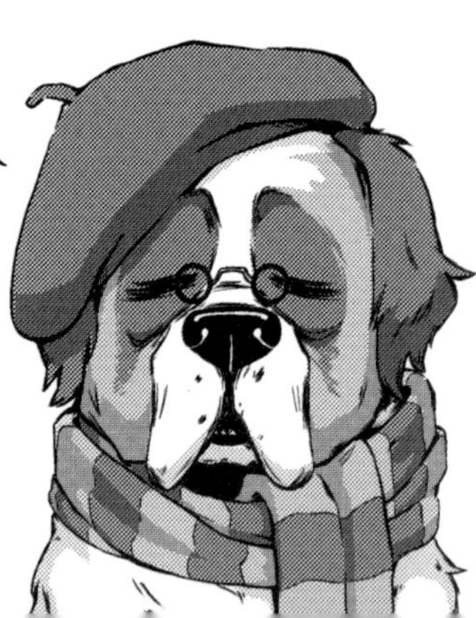

KLEINE EXTRAS

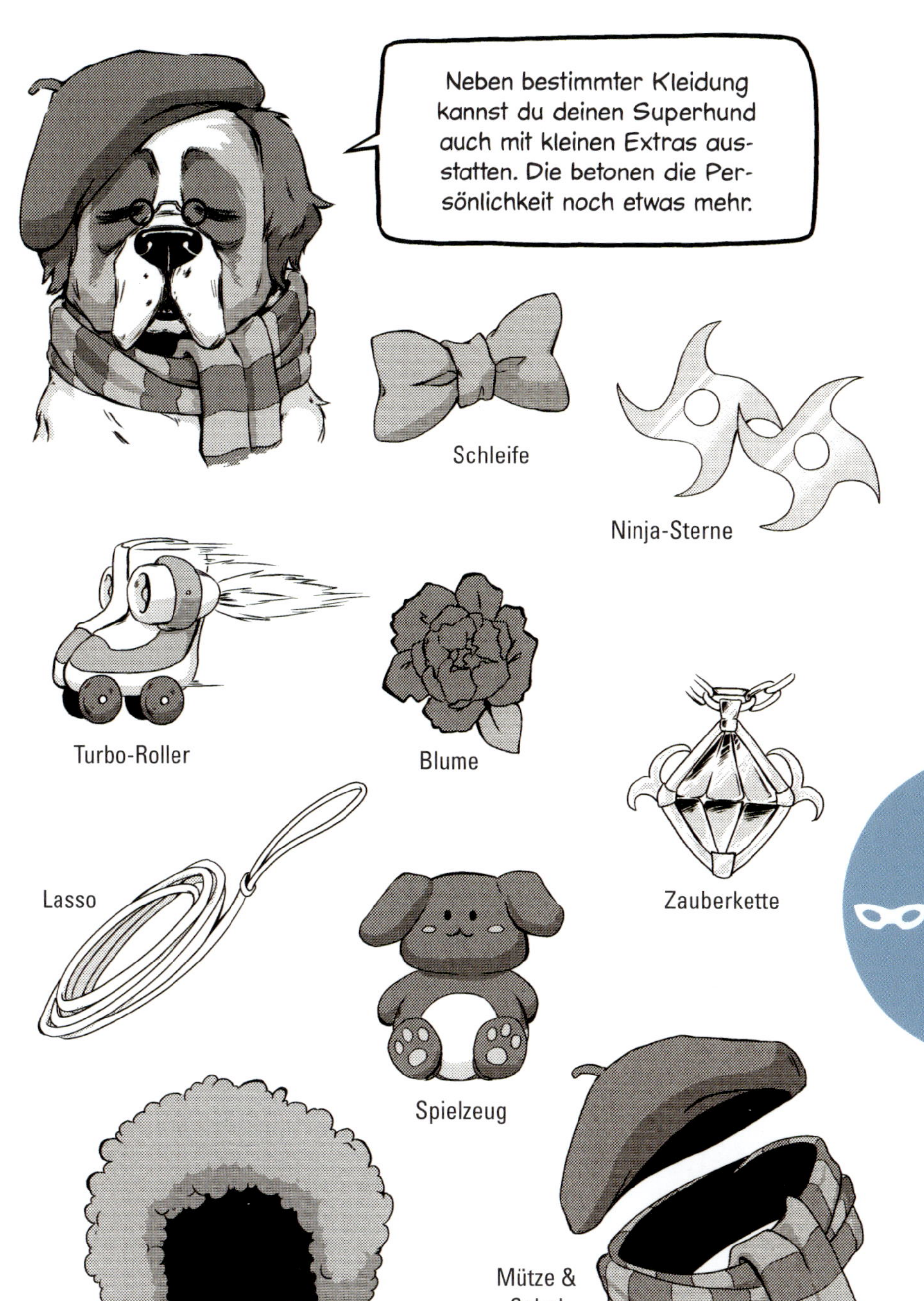

Übung

Hier sind noch ein paar Beispiel für Masken und Extras.

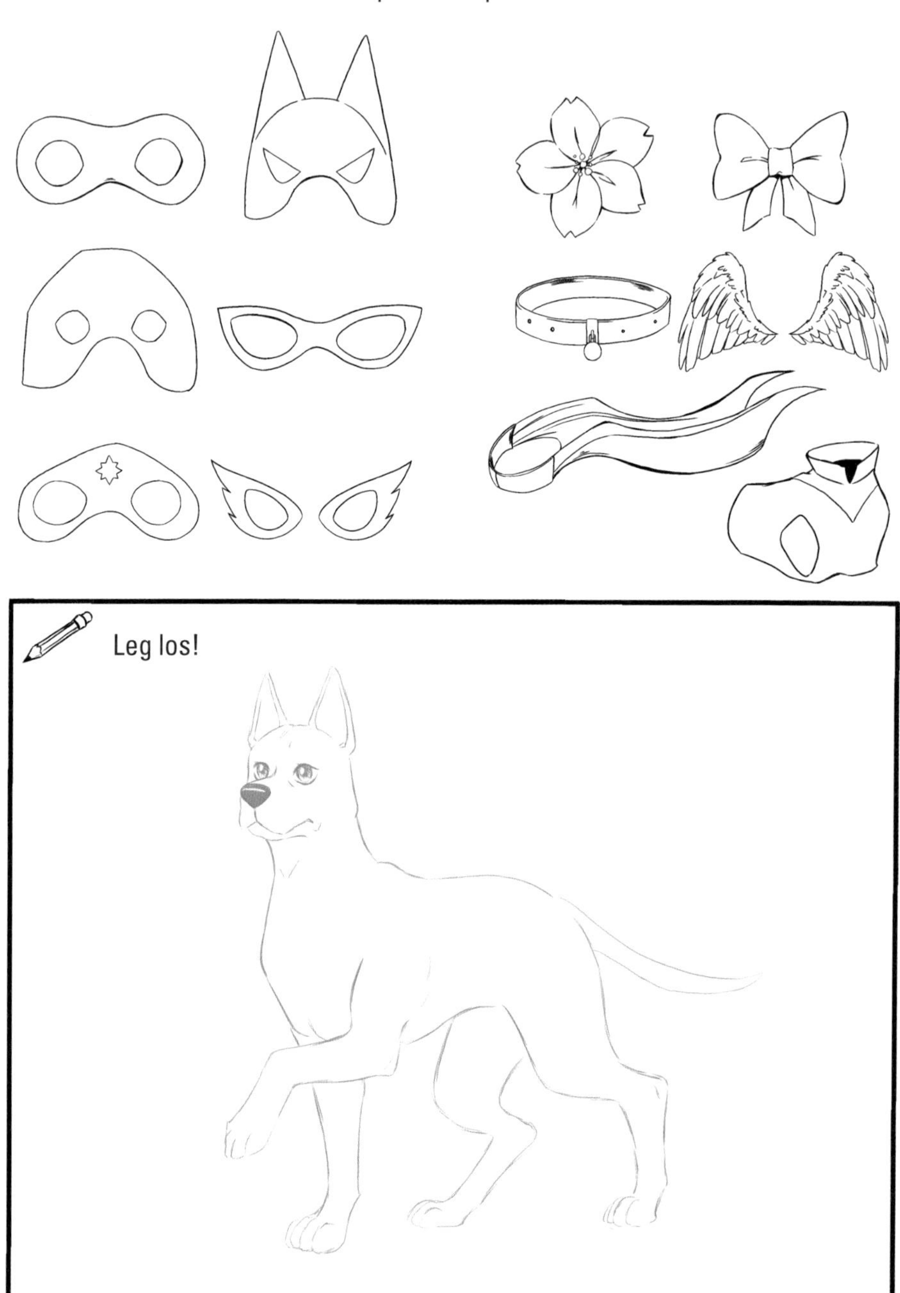

Kapitel 5

BONUSMATERIAL

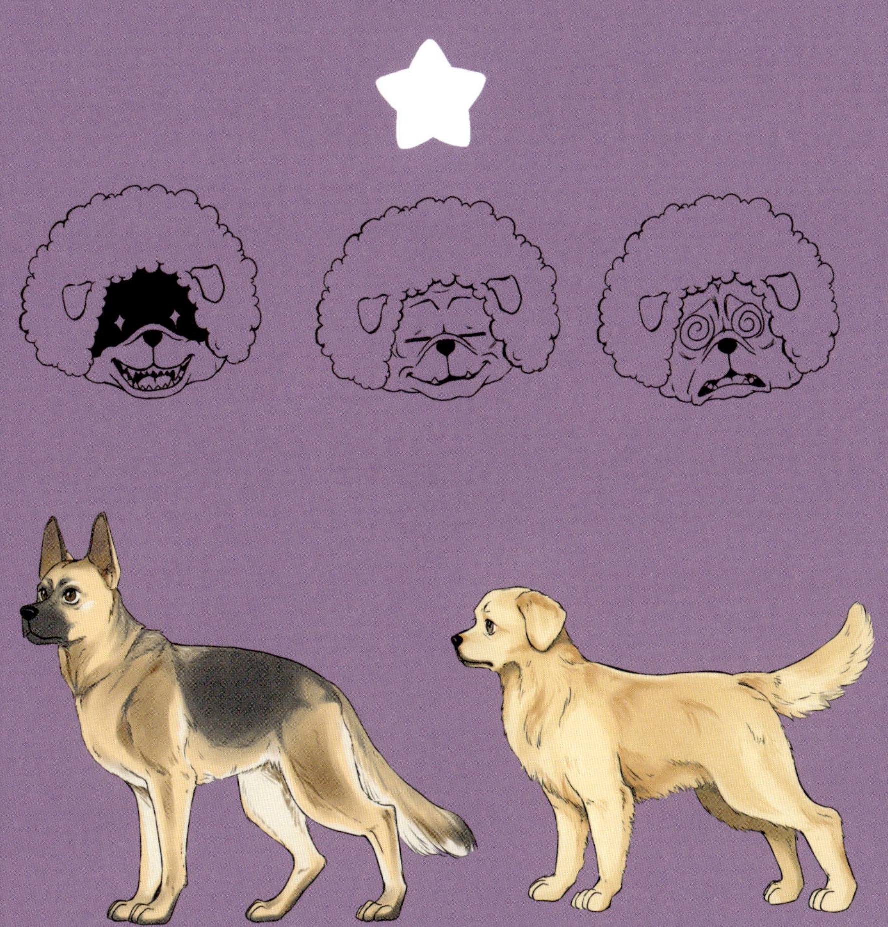

WITZIGE GESICHTER

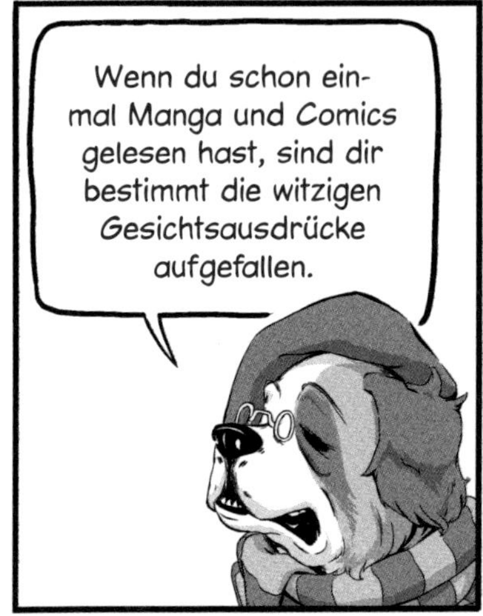

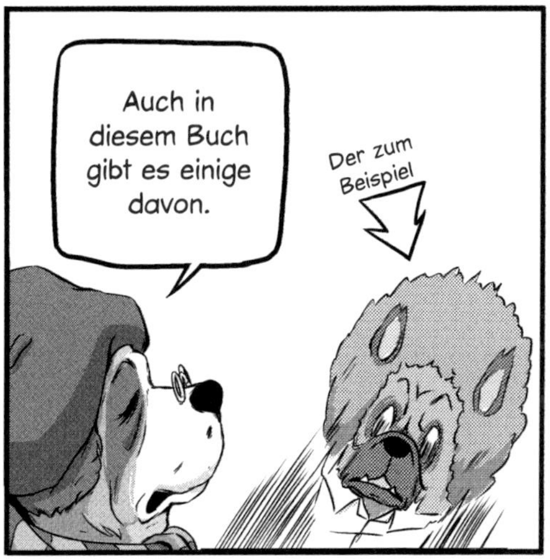

Hier sind die Gefühle teils übertrieben, um einen lustigen Effekt zu erzielen.

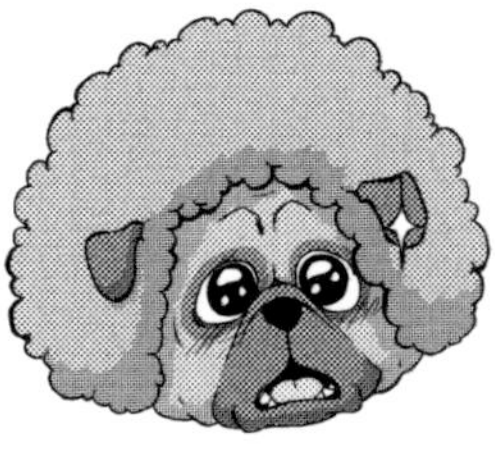

bewundernd

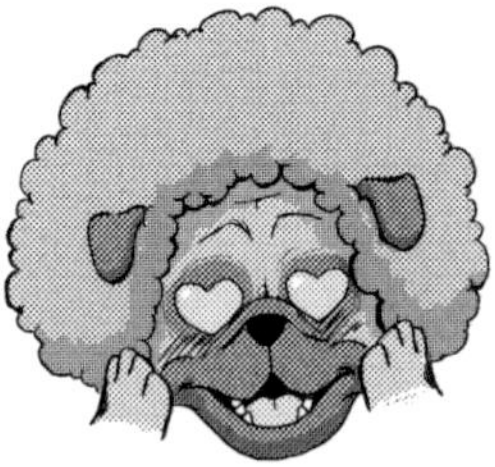

verliebt

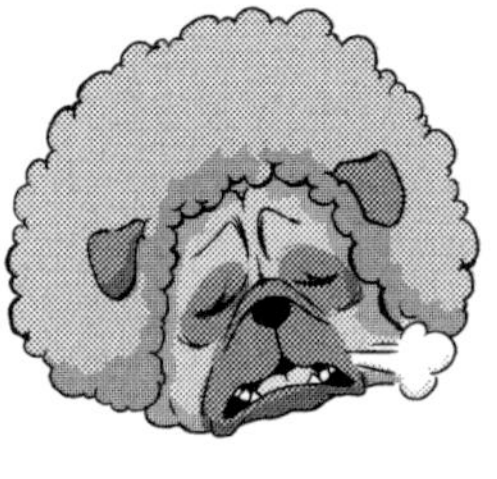

seufzend

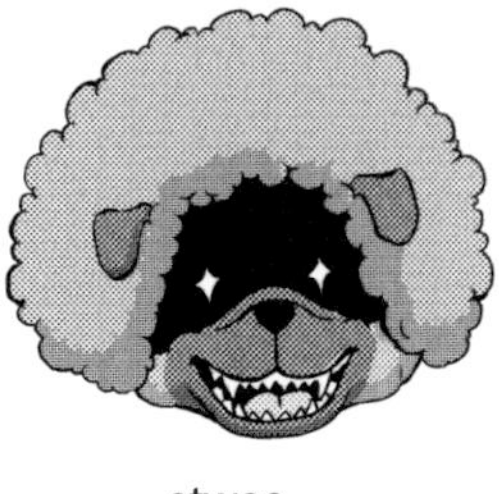

etwas ausheckend

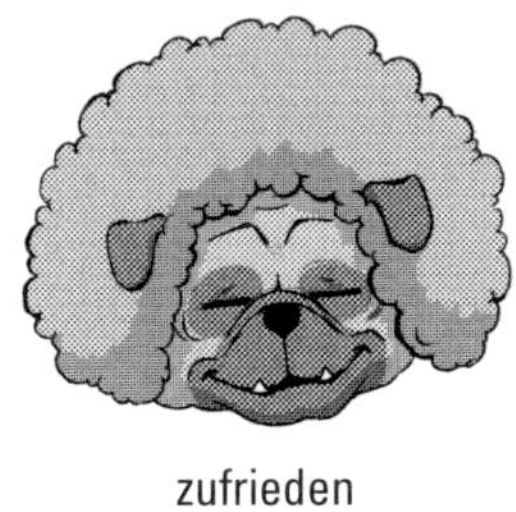

zufrieden

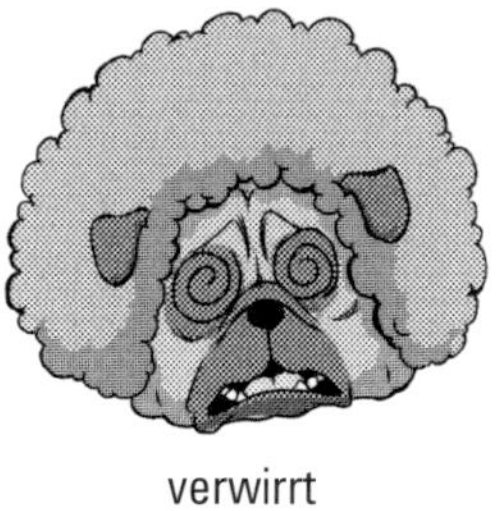

verwirrt

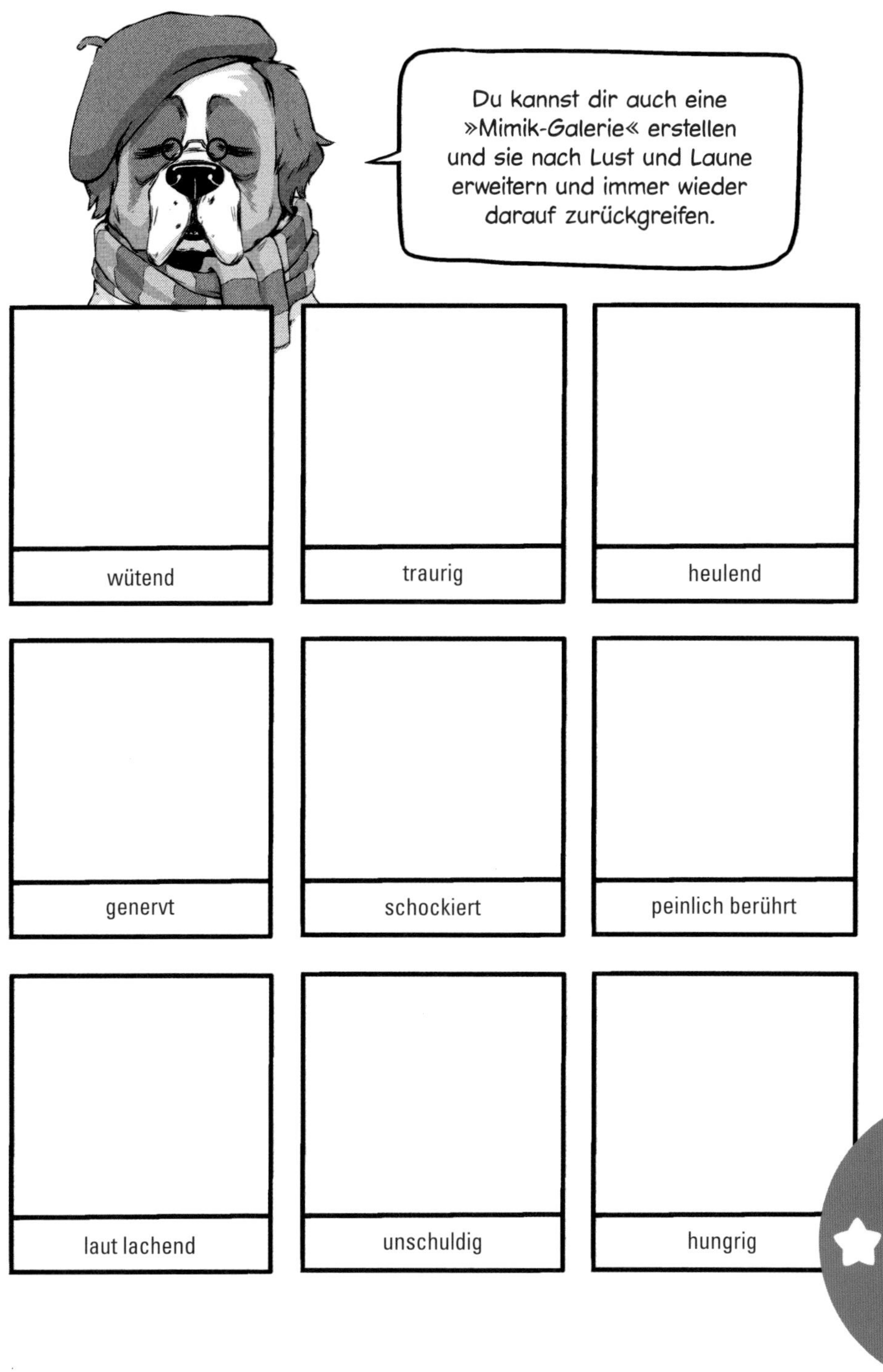
Du kannst dir auch eine
»Mimik-Galerie« erstellen
und sie nach Lust und Laune
erweitern und immer wieder
darauf zurückgreifen.
wütend
traurig
heulend
genervt
schockiert
peinlich berührt
laut lachend
unschuldig
hungrig

COOLE POSEN

Hier sind ein paar Posen für dich zum Nachzeichnen.

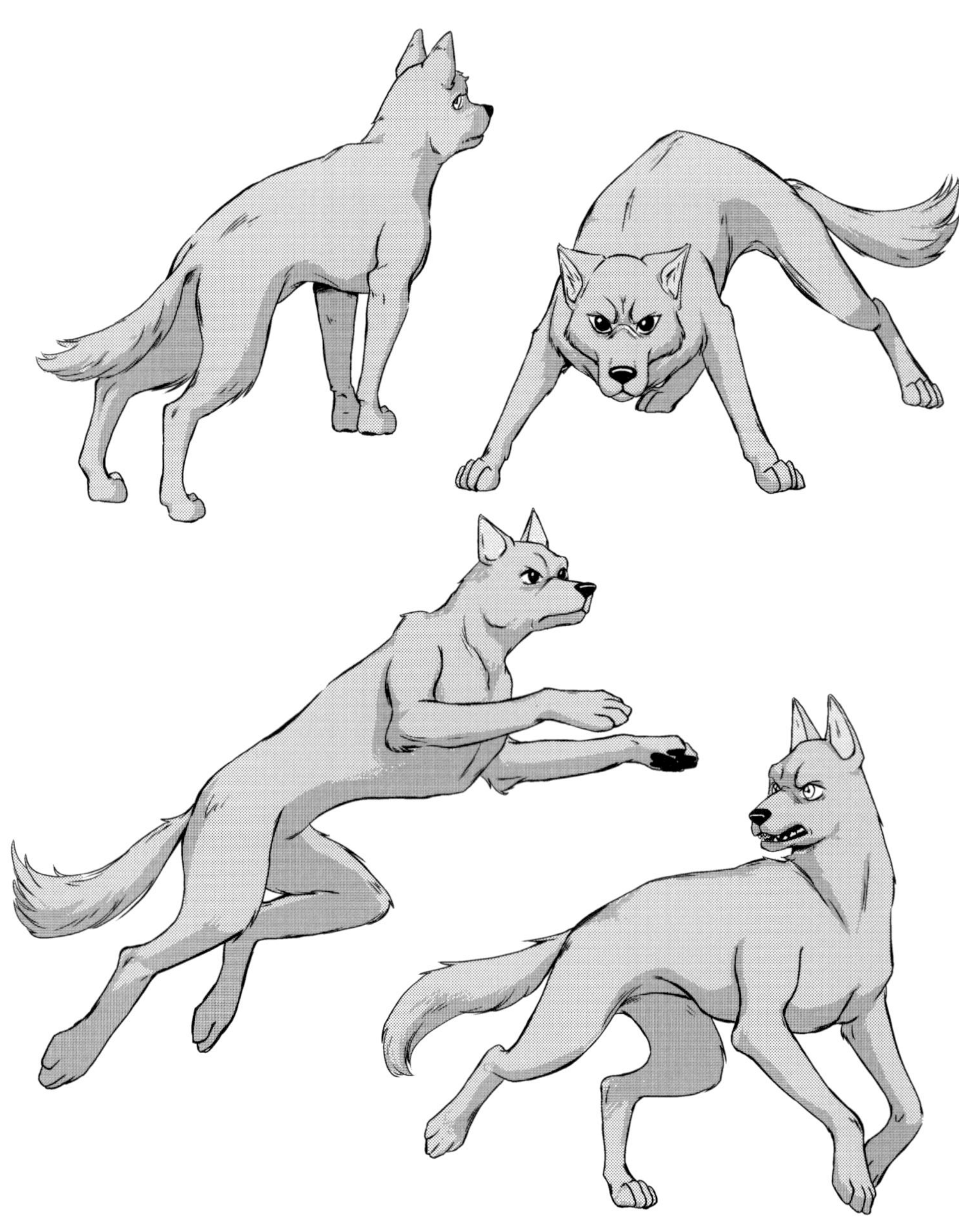

Coole Posen sollten vor allem in wichtigen Momenten eingesetzt werden – wenn es besonders dramatisch werden soll.

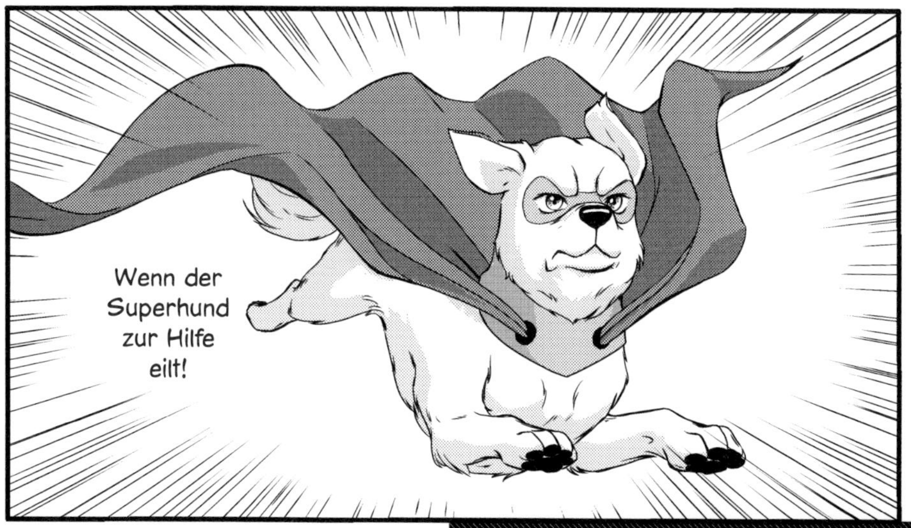

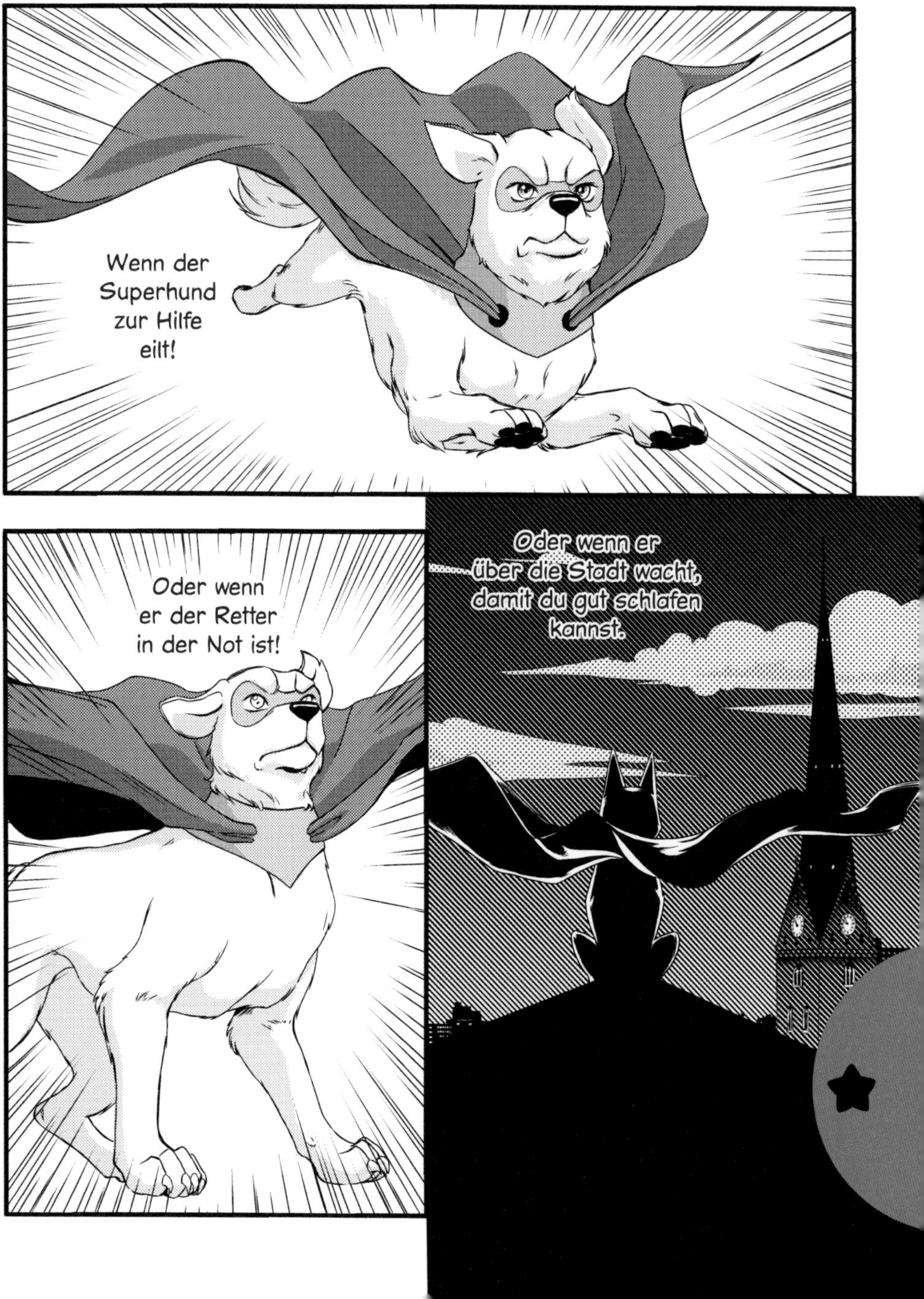

RAT VON ANDEREN

Du kannst viel von anderen lernen, auch von den Klassikern!

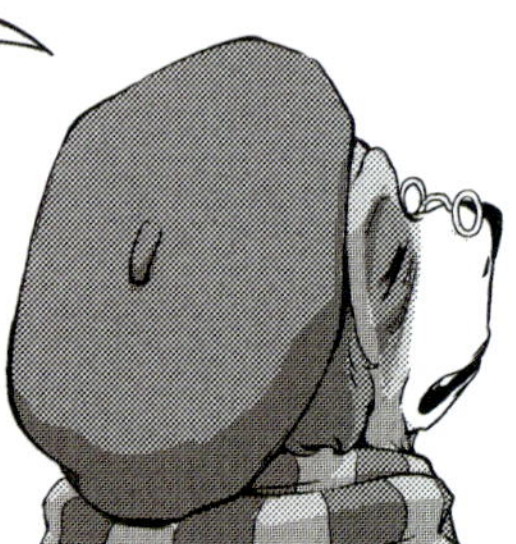

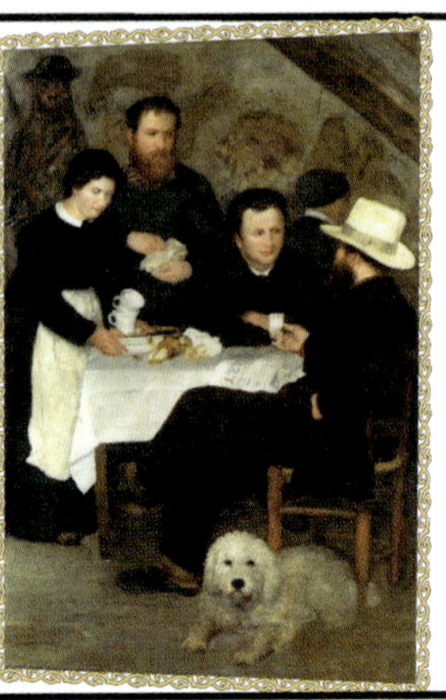

Pierre-Auguste Renoir: *Das Gasthaus von Mère Anthony* (1866)

flauschiges Fell

schwarze Augen

Pfoten nicht detailliert

Wie zeichnen sie bestimmte Dinge? Was machen sie anders?

Du kannst die Bilder zum Üben auch abzeichnen. Aber bitte nie ein abgezeichnetes Bild als dein eigenes ausgeben. Das ist verboten!

Es ist gut, Bilder konzentriert zu betrachten und zu analysieren.

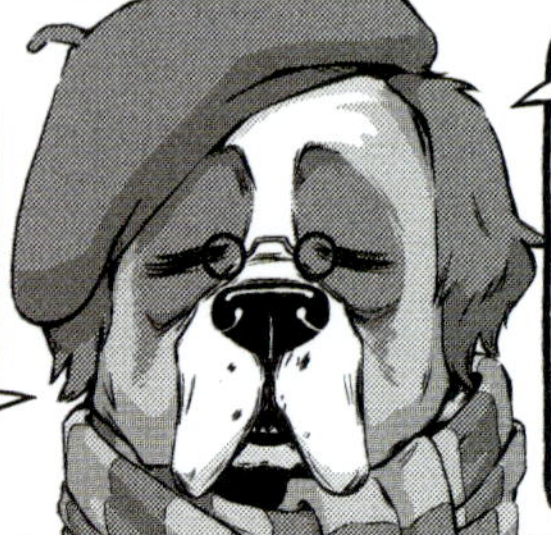

Dazu all die Schritte bisher... Das ist der richtige Weg zum Profi!

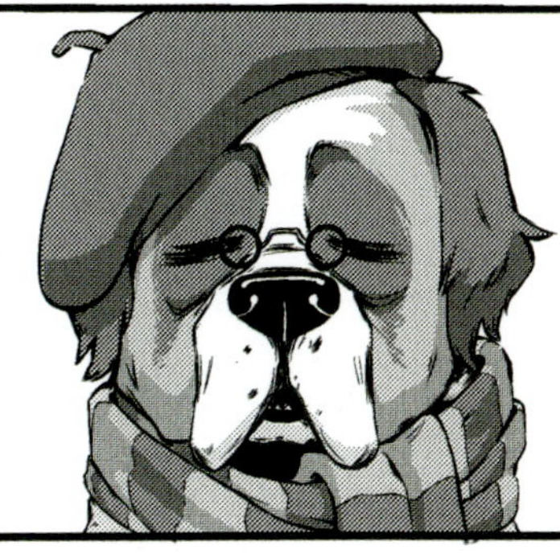

Ein Motiv, zwei Zeichenstile

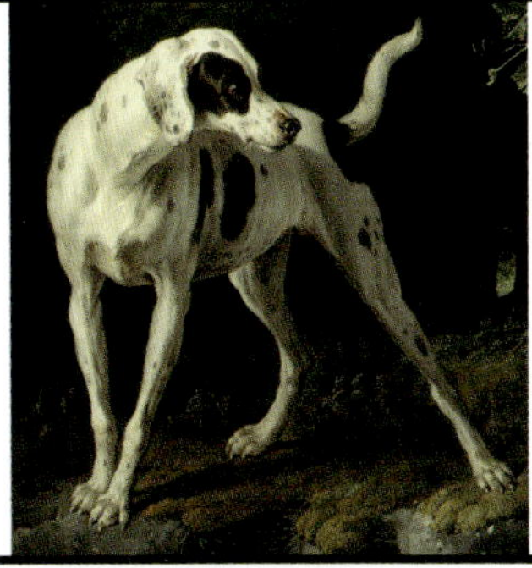

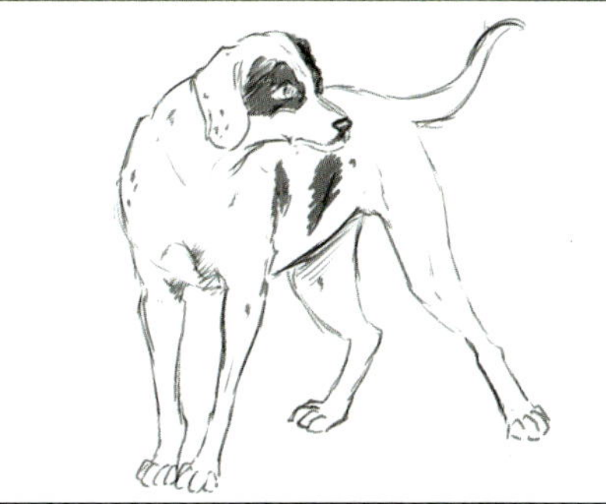

Auszug aus Alexandre-François Desportes *Landschaft mit einem Hund und Rebhühnern* (1719)

Wie würdest du den Hund in deinem jetzigen Stil zeichnen?

HUNDERASSEN

Noch mehr Rassehunde als Beispiele für dich.

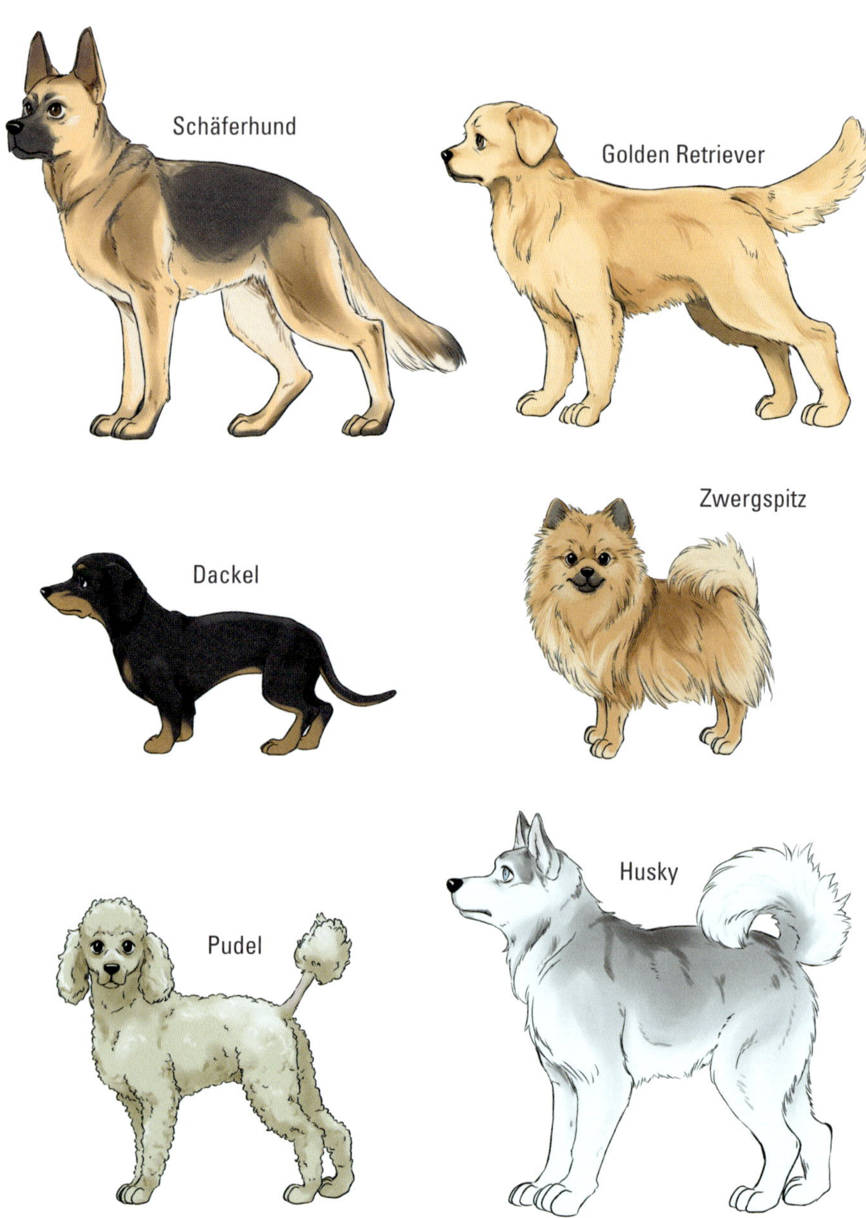

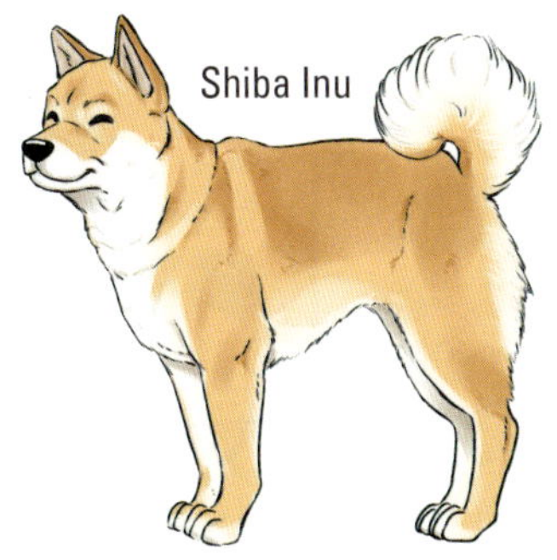
Shiba Inu
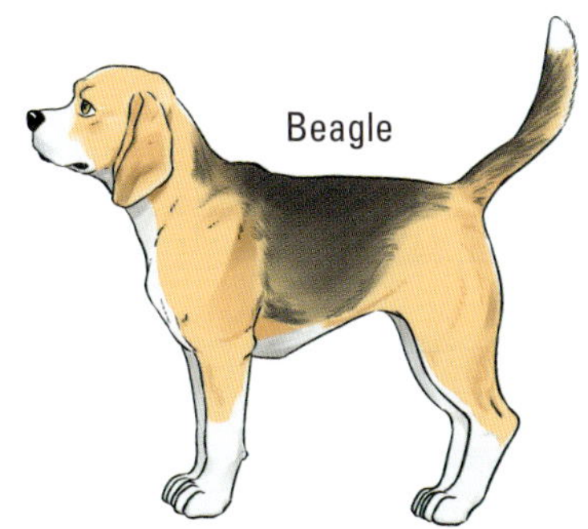
Beagle
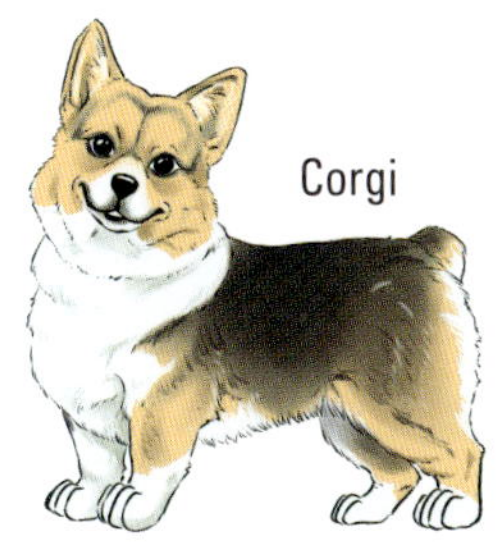
Corgi
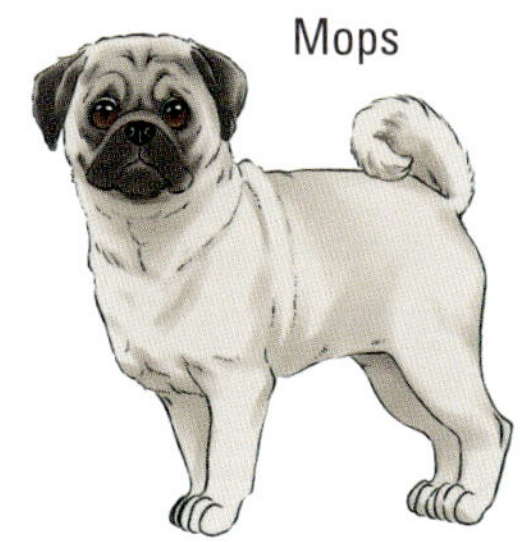
Mops
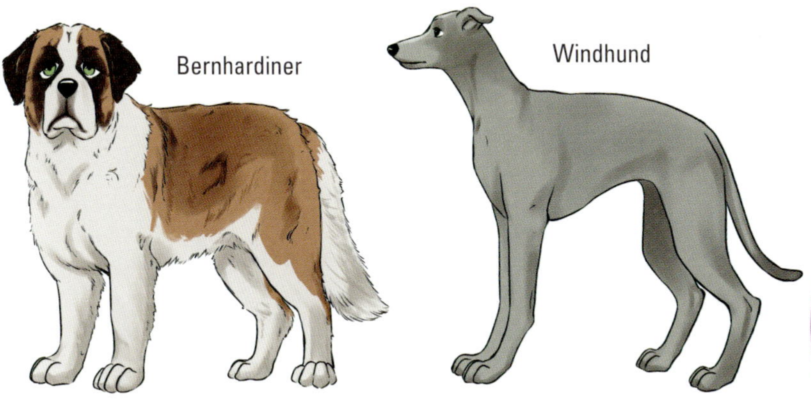
Bernhardiner
Windhund

Üben, üben, üben!!!

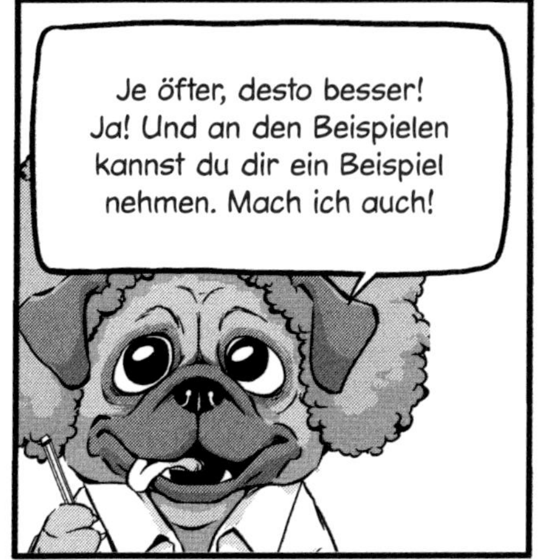

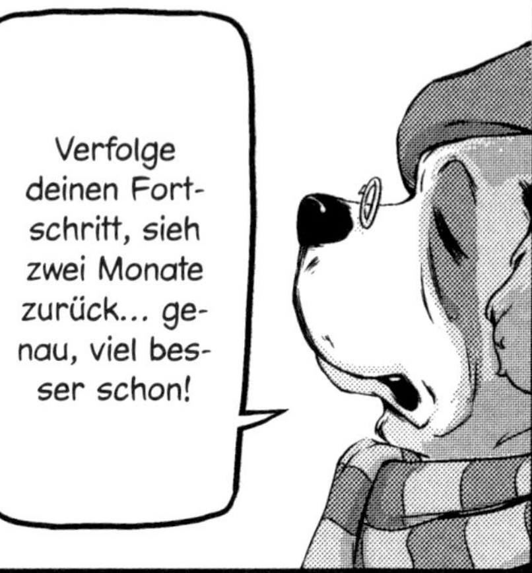

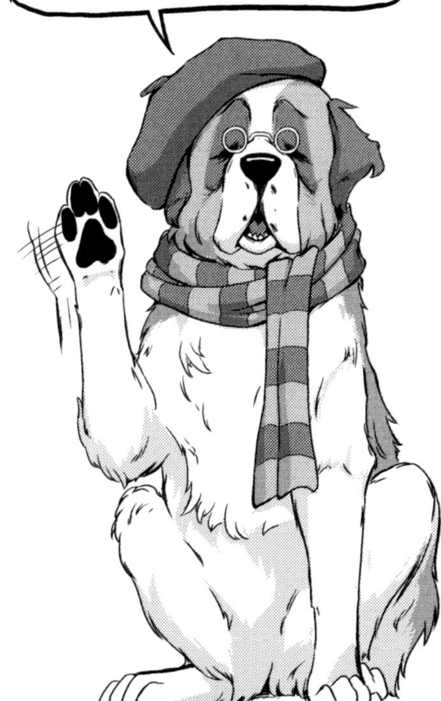

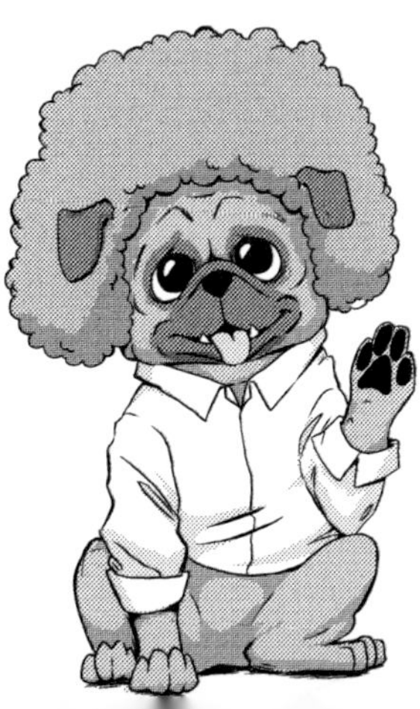

NACHWORT

Die Autorin Olschi stellt sich vor.

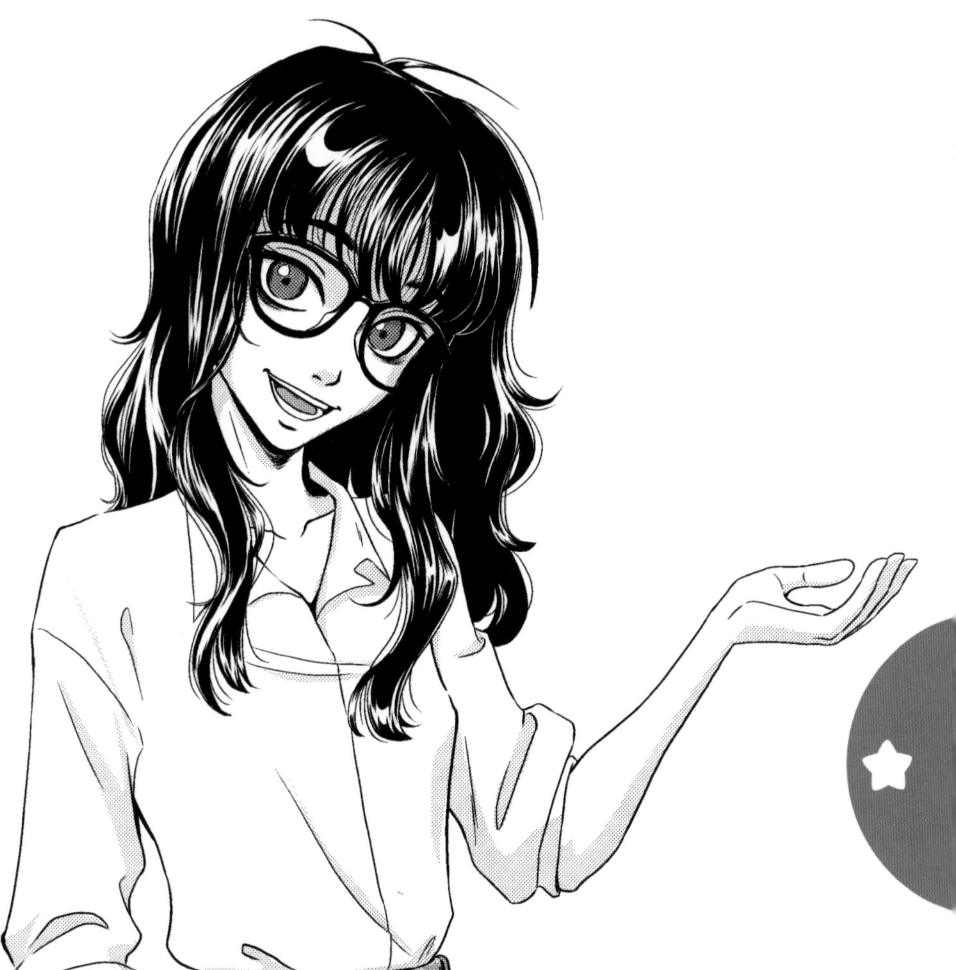

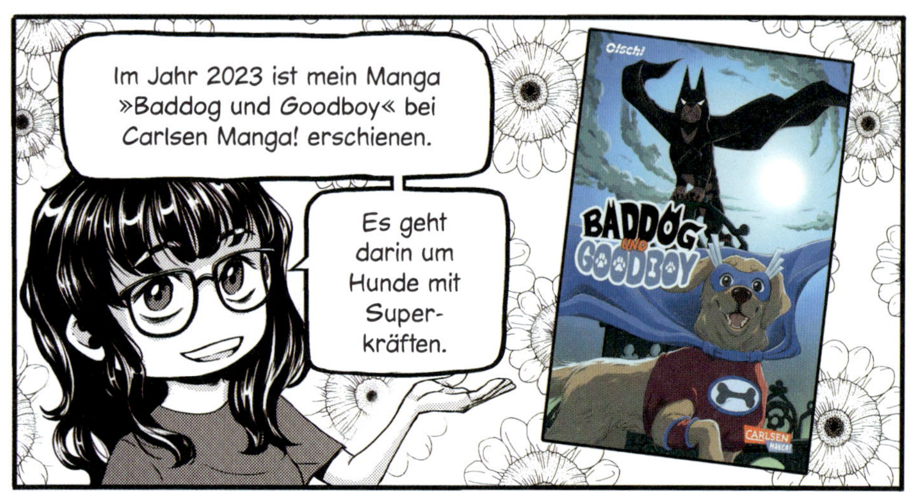

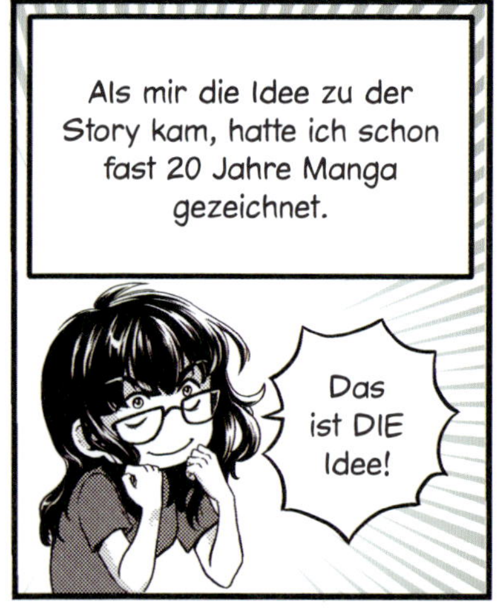

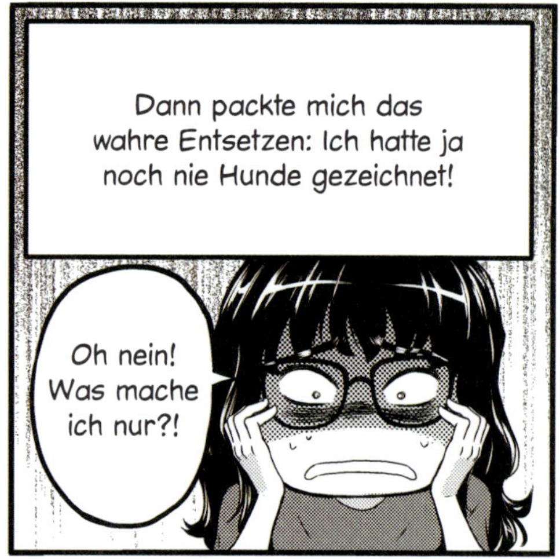

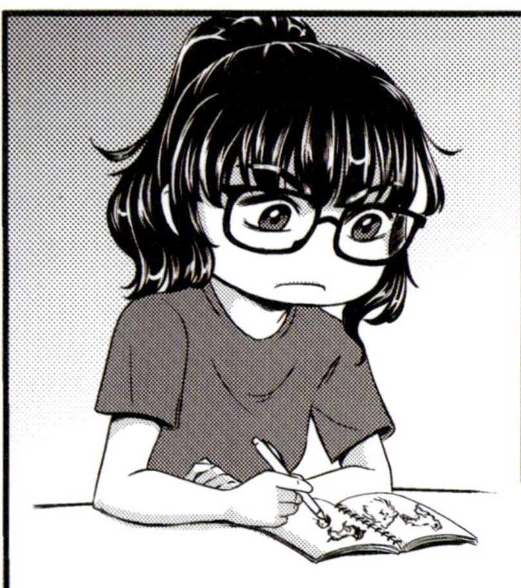

Also musste ich mir die Zeit und Ruhe nehmen und üben… Einen Monat habe ich nichts anderes als Hunde gezeichnet.

Mit diesem Zeichenkurs möchte ich mein gewonnenes Wissen mit dir teilen. Danke, dass du es in die Hand genommmen hast. Ich hoffe, du konntest ein paar hilfreiche Tipps daraus mitnehmen!

Ich möchte mich außerdem bei meiner Redakteurin Petra bedanken. Es war nämlich ihre Idee, einen Zeichenkurs zu machen. Ohne sie gäbe es dieses Buch gar nicht!

Mein Dank gilt auch dem ganzen Redaktionsteam und allen, die an dem Projekt mitgearbeitet haben. Ich bin immer wieder begeistert, mit welcher Leidenschaft ihr alle dabei seid!

Und danke an alle, die mich auf diesem Weg begleiten.
Ob mit euren netten Worten oder indem ihr meine Werke lest.

Ihr seid die Besten!

Bis zum nächsten Buch,
eure Olschi

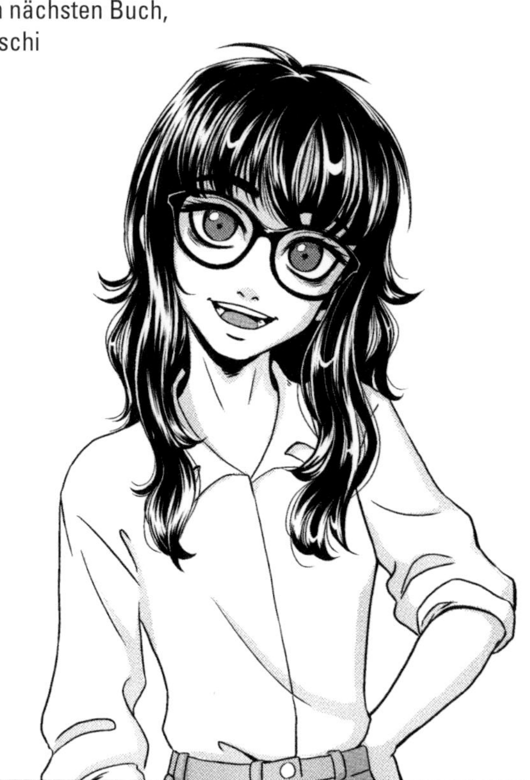

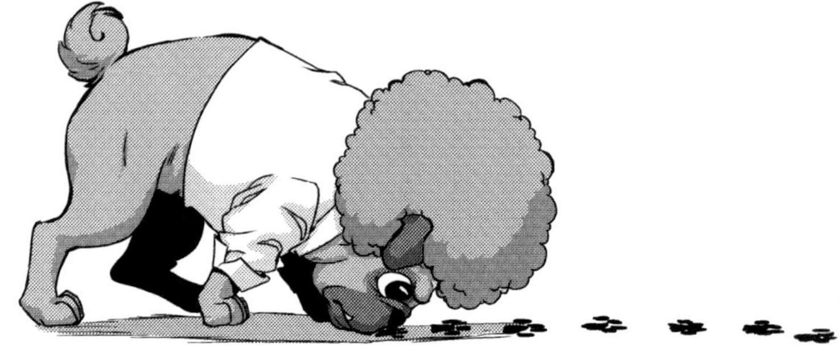

Name:

Dieser Held gehört:

Rasse:

Alter:

Aussehen:

Kleidung:

Fellfarbe

Augenfarbe

Superkräfte:

Schwächen:

Ziele:

Motivation:

Hintergrundgeschichte:

Name:

Dieser Held gehört:

Rasse:

Alter:

Aussehen:

Kleidung:

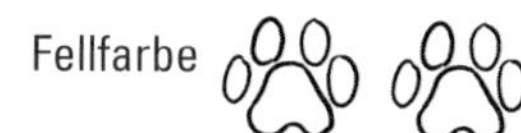

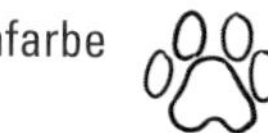

Augenfarbe

Superkräfte:

Schwächen:

Ziele:

Motivation:

Hintergrundgeschichte:

Das
WUNDERVOLLE LEBEN
mit einem GROSSEN HUND!

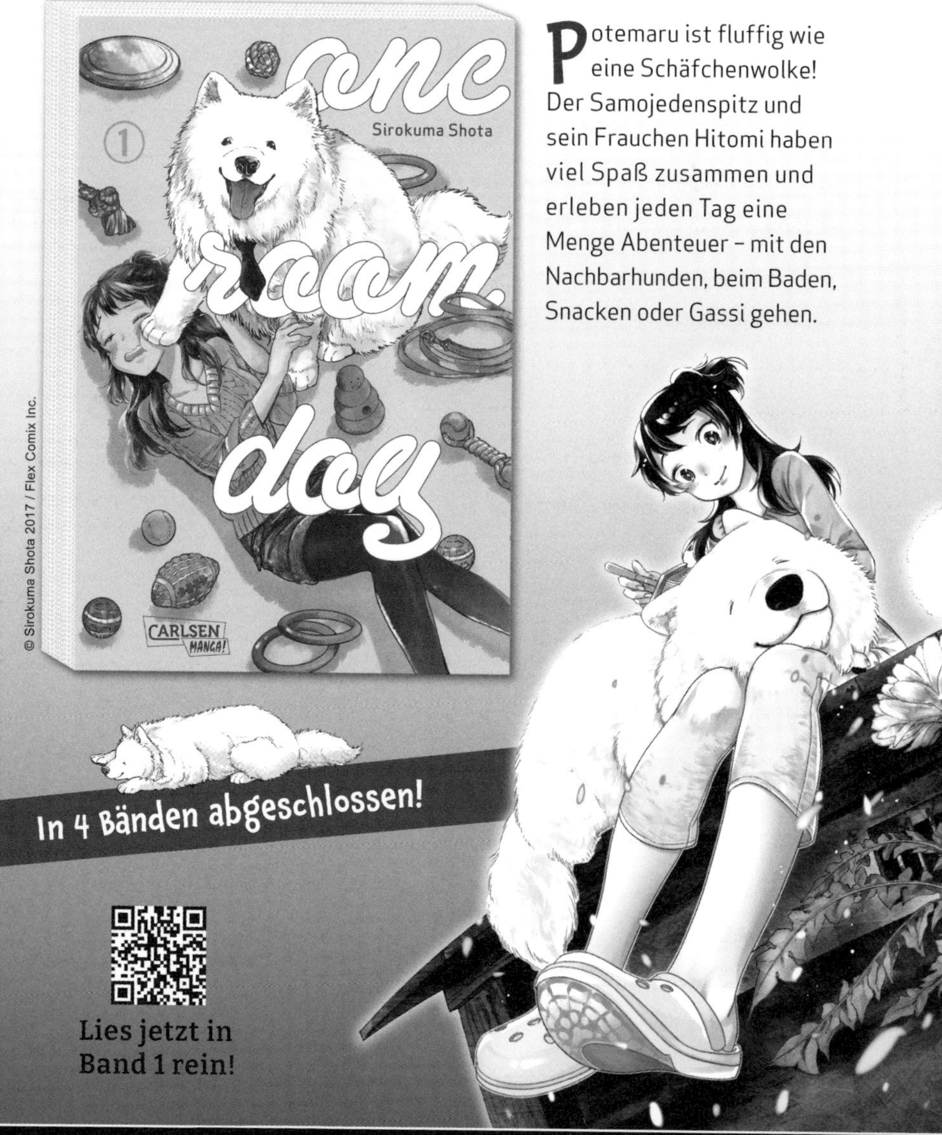

Potemaru ist fluffig wie eine Schäfchenwolke! Der Samojedenspitz und sein Frauchen Hitomi haben viel Spaß zusammen und erleben jeden Tag eine Menge Abenteuer – mit den Nachbarhunden, beim Baden, Snacken oder Gassi gehen.

Lies jetzt in Band 1 rein!

CARLSEN MANGA! www.carlsenmanga.de carlsen_manga carlsenmanga

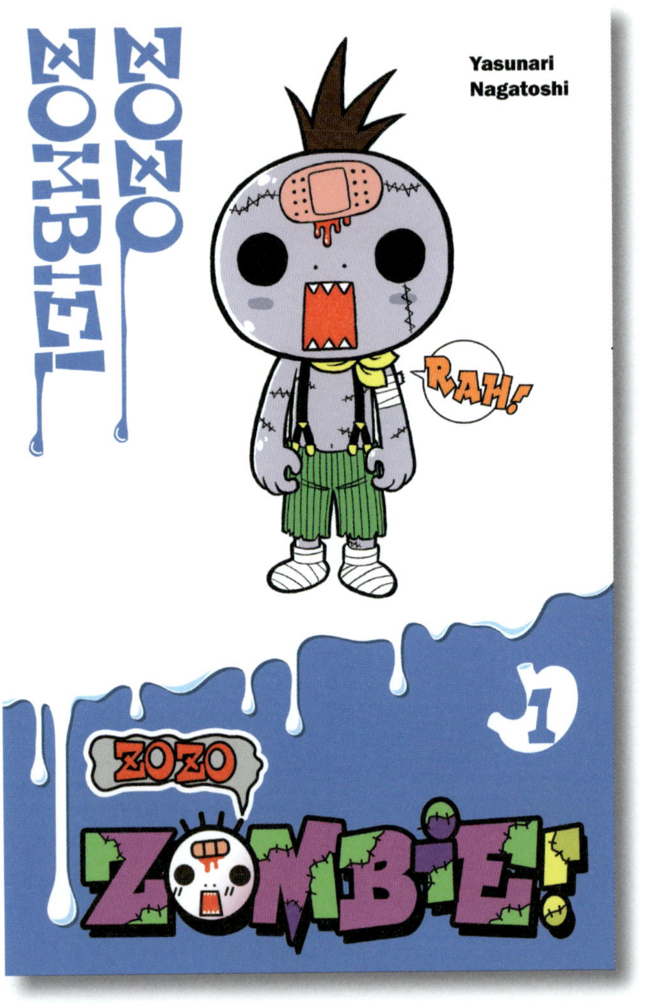

Als der Fünftklässler Isamu von einem kleinen Zombie verfolgt wird, ist die Panik groß. Zumindest so lange bis er merkt, dass Zozo gar nicht böse ist. Im Gegenteil, denn der ulkige Zombie wäre am liebsten ein ganz normaler Junge!

Ein Gag jagt den anderen – garantiert nicht gruselig, aber zum Totlachen!

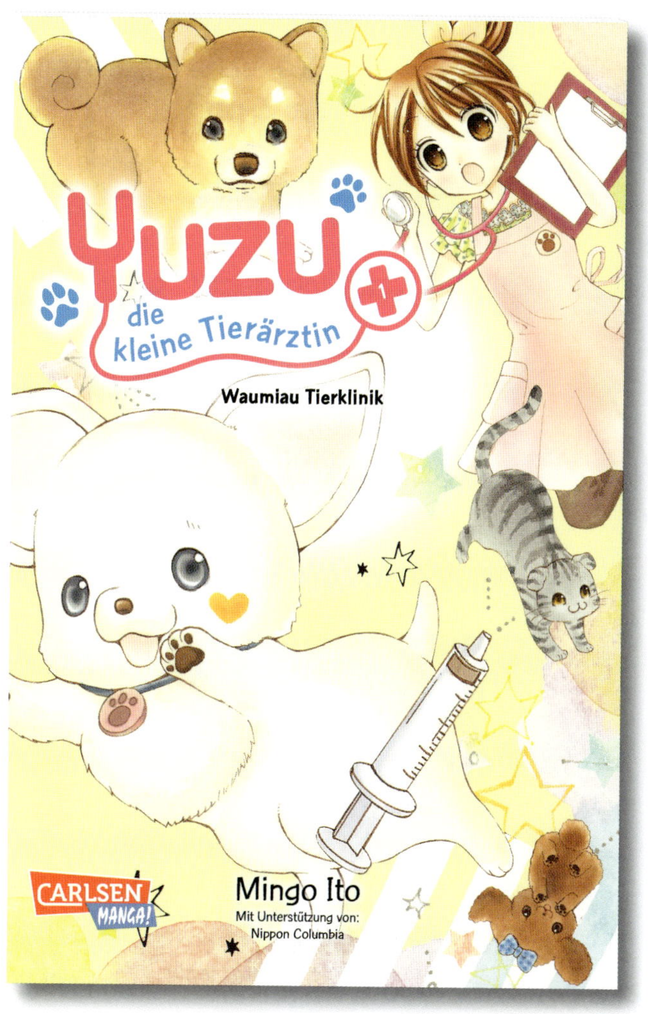

Für eine 11-Jährige hat die fröhliche Yuzu in der Tierklinik ihres Onkels eine Menge zu tun. Sie hatte zwar schon immer etwas Angst vor Tieren, doch wenn ein Vierbeiner Hilfe braucht, kann sie nicht tatenlos zusehen!

Bereit für ein flauschiges Abenteuer?
Hier kommt Yuzu, die jüngste Tierärztin Japans!

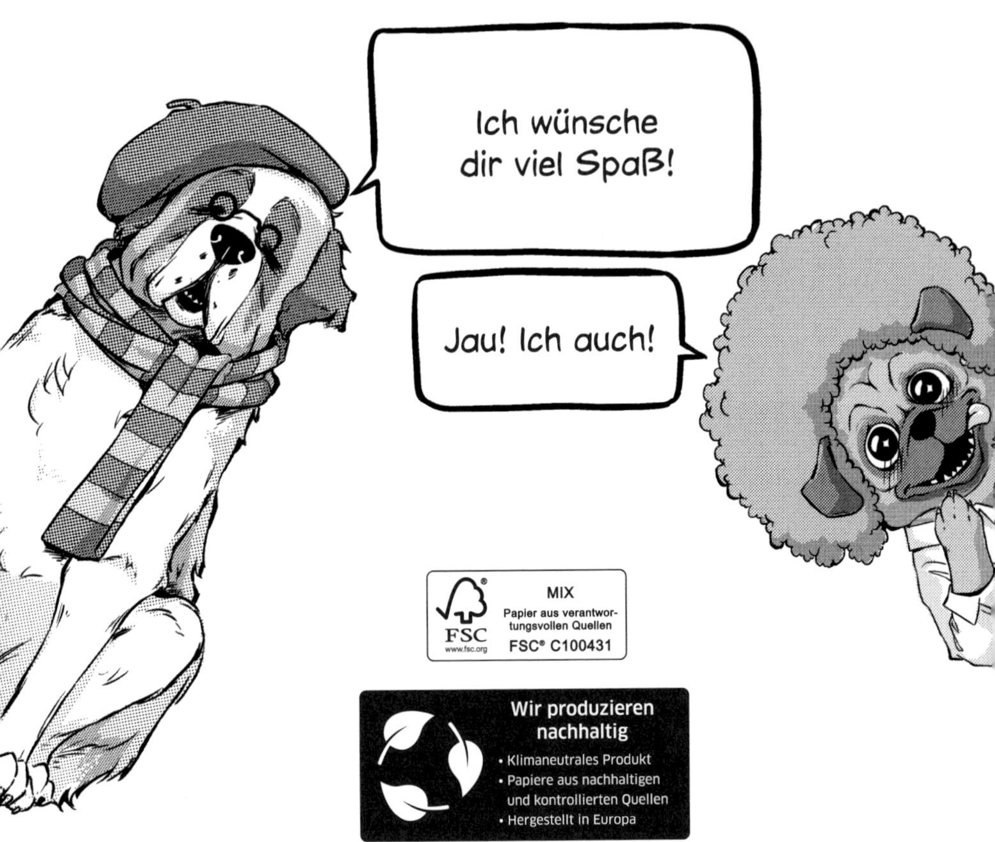

CARLSEN MANGA
© 2024 Carlsen Verlag GmbH, Völckersstraße 14–20, 22765 Hamburg
ORIGINALAUSGABE
Olschis Zeichenkurs Superhunde!
© Olschi / Carlsen Verlag GmbH, Hamburg 2024
Redaktion: Petra Lohmann
Satz: Ronny Willisch
Produktionsmanagement: Björn Liebchen
Alle deutschen Rechte vorbehalten
ISBN 978-3-551-80215-6

Wir behalten uns die Nutzung unserer Inhalte für Text- und Data-Mining
im Sinne von § 44b UrhG ausdrücklich vor.

Carlsen Manga! News – jeden Monat neu per E-Mail!
www.carlsenmanga.de
www.carlsen.de